KB274603

비즈니스맨이 알아야 할

국제계약과 국제중재

이 도서의 국립중앙도서관 출판시도서목록(CIP)은 e-CIP홈페이지(http://www.nl.go.kr/ecip)에서 이용하실 수 있습니다. (CIP제어번호: CIP2010004223)

비즈니스맨이 알아야 할
국제계약과 국제중재

뉴질랜드변호사 **권태욱** 지음

한울

이 책은 국제계약이나 국제중재의 전문가가 되려는 사람들을 위한 것이 아니다. 그런 사람들은 전문서적을 읽어야 할 것이다. 이 책은 국제거래를 하는 기업체의 실무자들과 최고경영자들을 위한 것이다.

이 책의 전제는 계약서를 작성하고 중재를 시작하는 단계가 되면 변호사의 자문을 받아야 한다는 것이다. 국제계약의 경험이 많다고, 그 업무는 자신이 잘 안다고 해서 본인이 직접 인터넷을 뒤져서 계약서 양식을 다운받아 자구만 몇 자 수정해서 계약을 체결하는 사람들도 있다. 그러면 당장은 변호사비 몇 백만 원을 아꼈다는 생각이 들지 모르지만 나중에 수백만 달러, 수천만 달러에 달하는 대가를 치를 가능성이 크다. 이것은 협박이 아니다. 솔직히 말하면 변호사들은 그런 기업인이 많으면 많을수록 좋다. 계약서를 작성해주는 것만으로는 수임료가 몇 백만, 몇 천만 원을 넘어서기가 힘든 데 비해, 사건이 터져서 소송을 해주게 되면 수임료는 쉽게 몇 천만, 몇 억 원을 호가할 수 있기 때문이다. 문제가 된 계약서가 기업인이 직접 작성한 것이라면 계약서 부실 작성에 따른 책임을 지지 않아도 되기 때문에 마음도 편하다.

필자의 경험에 비추어 보면 우리나라 사람들은 계약서 작성 당시에 변호사비가 들어가는 것을 엄청나게 아까워한다. 그것이 필자가 7년 정도 사무변호사를 하다가 소송전문 변호사로 분야를 바꾼 이유 중 하나이기도 했다. 외국에 나가 있는 한국인뿐만 아니라 한국에 있는 한국인들도 마찬가지다. 그러니까 우리나라 법률산업은 계약서를 작성해주는 것을 전문으로 하는 법무사나 사무변호사 수보다 소송만 전담하는 소송전문 변호사가 몇 십 배, 몇 백 배 많은 기형적인 산업구조를 형성하고 있는 것이다. 우리나라 사회단체들이 베끼고 싶어서 목을 매는 영국이나 미국의 법률시장에서는 사무변호사와 소송변호사의 비율이 7 대 3 혹은 8 대 2 정도다.

거듭 이야기하지만, 이 책은 SELF HELP나 DO IT YOUR SELF용 매뉴얼이 아니다. 국제계약을 체결하거나 국제계약에서 분쟁이 생겼을 때 변호사를 찾아가면 그들이 들려줄 이야기를 적은 것이다. 이 책의 내용을 알고 변호사를 찾아가면 변호사가 기본적인 사항을 설명하는 데 들이는 시간을 줄일 수 있고, 변호사비를 줄일 수 있다. 이 책의 내용을 알고 찾아가면 적어도 두 시간 정도의 변호사 시간을 절약할 수 있다. 국제중재나 국제계약을 담당하는 변호사들이 시간당 사십만 원, 오십만 원 이상을 청구하는 것이 지금의 시세인 것을 감안하면 이 책을 읽음으로써 독자는 팔십만 원이나 백만 원 이상을 절감할 수 있게 되는 것이다. 그 정도가 전부인 것이 아니다. 이 책을 읽은 덕분에 혼자서 계약서를 작성하려는 미망에서 벗어나 변호사의 도움을 받아서 계약을 제대로 체결했을 때 얻어지는 이익은 수억 원, 수십억 원에 이를 수 있다.

그런 이유에서 이 책을 한국의 비즈니스맨들에게 제공할 수 있게 된 것을 매우 기쁘고 다행스럽게 생각한다. 다만 초판인 관계로 내용이나 표현 중에 더 다듬고 더 세련되게 할 곳이 적지 않으리라 생각한다. 그 점 독자 여러분의 양해를 구하고, 보내주시는 의견과 질책을 겸허히 받아들여서 더 좋은 책을 만들어가는 데 게을리 하지 않을 것을 약속한다.

2010년 11월, 서초동 사무실에서

벽하 권태욱

차 례

제2장 국제중재

제**1**장

국제계약

1

계약 체결 단계에서 고려할 사항

사람들이 약속한 것을 모두 지킬 수 있다면 얼마나 좋을까(물론 변호사들에게는 악몽일 것이다. 적어도 민사소송과 가사소송 분야 변호사는 모두 전업을 생각해야 한다). 그러나 불행히도(변호사들에게는 다행히도) 약속이 깨지고 계약이 파기되는 일은 사람들이 거래를 시작한 이래 끊임없이 발생해왔고, 앞으로도 영원히 계속될 것이다(그러므로 법과대학을 지망하는 학생들은 안심하고 민사소송법을 공부하셔도 된다).

계약을 할 때 '나는 계약을 지킬 것 같은데 상대방이 어기면 어떻게 하나?' 하고 걱정하는 경우가 그 반대의 경우보다 많다. 그러나 계약이행을 원하지 않는 상황이 발생하는 빈도는 '갑'과 '을' 어느 쪽이 더 많다고 할 수는 없다. 예를 들어, 자동차 제조회사인 '갑'에게 브레이크에 들어가는 부품을 납품하는 '을'을 보자. 어느 시점에 일정한 시장가격을 기준으로 '갑'과 '을'이 납품계약을 체결할 것이다. 그런데 원자재 가격의 상승이나 하락, 인건비의 상승, 경쟁의 강화 등으로 납품하는 품목의 시장가격이 변동될 수 있다. 가격이 오르면 '을'이, 가격이 내리면 '갑'이 기존의 계약을 파기할 수 있으면 파기하려고 할 것이다. 그러나 계약기간이 있기 때문에 그 기간까지는 울며 겨자 먹기로 기존 계약에 정한 가격으로 물건을 납품하고 수령해야 한다. 단, 그러기 위해서는 '계약을 파기할 때 물어줘야 하는 손해배상이 그로 인해 취득하는 이익보다 크다'는 전제가 수반된다.

만약 기존 계약을 파기하고도 아무런 손해배상을 해줄 필요가 없다면 계약 파기로 이익이 생기는 쪽은 당장 파기할 것이다. 그리고 기존의 계약 상대방에게 새로운 조건으로 계약을 체결하자고 하거나 다른 거래 파트너를 찾을 것이다. 그런 상황이 발생한다면 '계약'이라는 것은 아무 소용이 없다. 거래 일방이

자의적으로 계약한 내용의 불이행을 감행할 수 있다면 '계약'이라는 것이 애초부터 의미가 없는 것이다. 그러면 상거래가 원시적 수준을 벗어날 수 없다. 상거래의 활성화는 국민의 생활수준을 높여준다. 그래서 국가가 '계약'을 위반하는 당사자들에게 '손해배상'을 하도록 명령을 하고, 그 명령을 이행하지 않으면 국가권력을 동원해서 '강제집행'을 해주는 것이다. 다른 말로 하면 국가권력이 개인 간의 거래 불이행에 대해 개입해서, 계약의 안정적인 이행을 보장해주는 것이다.

우리나라와 같은 대륙법 국가에서는 '민법'이, 영미법에서는 '계약법'이 국가의 개입을 위해 마련된 법률이다. 그런데 국가라고 무조건 개인들의 거래 이행에 개입할 수 있는 것은 아니다. 국가는 개인이나 기업 등 계약당사자가 '계약을 위반'했을 때, '관련 법률'에 따라 '법적 절차'를 통해서 개입할 수 있을 뿐이다.

여기에 계약을 위반하고도 손해를 보지 않도록 할 수 있는 세 가지 빈틈이 있다. 첫째, 실질적으로는 계약한 내용을 이행하지 않으면서도 그것이 '계약의 위반'이 되지 않도록 하는 방법, 둘째, 계약 위반에 대한 책임을 묻는 비용이 아주 많이 들게 하는 방법, 셋째, 계약 위반에 대해 책임을 질 사람이 존재하지 않게 하는 방법이다.

1) 계약한 내용을 이행하지 않으면서도 그것이 '계약의 위반' 이 되지 않도록 하는 방법

계약한 내용을 이행하지 않는데도 그것이 '계약의 위반'이 되지 않도록 하는 목적으로 사용되는 것이 조건부 계약이다. Due Diligence Clause나 융자 승인 조건부 또는 회계사 승인 조건부, 관계 당국의 승인 조건부, 필요면허 취득 조건부 등 조건은 다양하고 무한하다.

Due Diligence라는 것은 매입하려고 하는 물품(부동산, 플랜트, 비즈니스)이 매입하려고 하는 사람의 의도와 기대에 부합하는지 여부를 확인하는 것을 말한다. Due Diligence Clause가 있는 계약에서는 Due Diligence 기간 동안 매도자는 다른 곳에 매각할 수 없는 반면에 매입자는 다른 것을 구입하고 원래의 계약을 해지할 수 있다(물론 이때 '다른 물건을 샀으므로 귀하와의 계약은 취소합니다'라고 통지하지는 않는다. 'Due Diligence 결과가 만족스럽지 않으므로 귀하와의 계약을 종료합니다'라고 통지한다. 이렇게 하면 상대방은 왜 Due Diligence가 만족스럽지 않은지 설명을 요구할 권리가 없다).

　은행융자 승인 조건부는 영미의 부동산 매매 계약서에 흔히 사용되는 조항이다. 문구는 다음과 같다. "본 계약은 매수자가 ○월 ○일까지 매입에 필요한 자금을 은행으로부터 융자받는 것을 조건으로 한다." 이 계약을 체결하고 난 뒤에 매도자는 다른 매입자와 매매계약을 체결할 수가 없다. 만약 다른 계약자와 매매계약을 체결했는데 원계약자가 '조건이 만족되었다'라고 통지하면 이중 계약을 체결한 것이 되어서 두 개의 계약 중 하나는 취소하고 위약금을 물거나 손해배상을 해줘야 한다. 이런 내용의 조건 조항은 매수자도 그 기간 동안 은행융자를 알아보는 의무를 지고, 은행융자가 승인되면 조건이 만족되었다는 통지를 해야 하는 의무를 진다. 그렇다고 해서 매수자에게 더 좋은 다른 집이 나타났을 때 원래 계약에 묶여서 구입 대상을 변경하지 못한다는 이야기는 아니다. 그런 일이 발생하면, 몇 군데의 은행과 융자 상담을 하고는 그 다음에 상대방에게 '융자 조건이 만족되지 못했다'라고 통지를 하면 원래 계약은 그대로 종료되고, 매도자는 새로운 구입자를 알아봐야 한다.

　그동안에 더 좋은 조건으로 사겠다는 사람이 있었는데 원래의 계약 때문에 그 매입자를 놓쳤다고 해도 조건부 계약을 해지한 원매입자에게서 손해를 배상받을 수 없다. 아주 분노한 매도자가 매수자를 상대로 손해배상청구 소송을 제기한다고 치자. 그러면 매수자는 은행을 몇 군데 접촉해봤다는 증거를 제시하고, 은행에서 제시한 금리가 내가 희망한 것보다 높았다, 상환 기간이 짧았다, 융자제안 금액이 희망액수보다 적었다고 주장하면 그뿐이다. 그러면 손해배상소송을 제기한 집주인이 소송비용까지 부담해야 한다.

이보다 더 심한 경우도 있다. 비즈니스를 구입하는 데 "이 계약은 ○월 ○일까지 매입자가 자신의 회계사로부터 승인을 받는 것을 조건으로 한다"라는 조건을 계약의 조항으로 포함시키는 것이다. 이렇게 계약을 체결해놓고 매수자는 부지런히 더 좋은 비즈니스가 없는지 알아본다. 그리고 만약 더 좋은 비즈니스가 나타나면 그 비즈니스를 매입하는 계약을 체결하고 원 계약의 상대방에게는 '내 회계사의 승인이 나지 않았다'라고 통지하면 끝이다. 회계사가 왜 승인하지 않았는지에 대해서는 설명할 필요도 설명을 요구할 권리도 없다. 그런 계약의 경우에 조건부 조항에 정한 기간까지 매도인은 다른 사람과 계약을 체결할 수 없는 제약을 받는 반면에 매수인은 자유롭게 다른 물건을 알아볼 수 있는 '일방적 계약'이 된다. 이런 일방적 계약에서 한쪽은 실질적으로 계약을 해지 또는 불이행을 하면서도 아무런 대가를 치루지 않고, 상대방은 계약에 꽁꽁 묶인 상태가 된다. 이처럼 계약을 불이행하고도 계약 위반이 되지 않도록 하는 방법이 있다.

2) 계약 위반에 대한 책임을 묻는 비용이 아주 많이 들게 하는 방법

계약 위반에 대해서 상대방을 상대로 법적 절차를 취하는 데 소요되는 비용과 시간, 그리고 노력이 그 절차를 통해서 받아낼 보상보다 더욱 큰 경우가 있을 수 있다. 국내 거래에서 예를 든다면 외상값 3,000원을 받으려고 소송을 제기할 수는 없을 것이다. 3,000원의 외상값을 갚지 않으면 '에이 더러운 녀석, 내 돈 떼먹고 잘되나 보자' 하고는 잊어버리고 말지, 그걸 받겠다고 법원과 변호사 사무실로 뛰어다니는 사람은 없다(상대방을 절도나 사기죄로 처벌할 수 있다면 이야기가 다르겠지만). 국제 상거래에서도 마찬가지다. 1만 달러나 3만 달러를 가지고 상대방 국가의 법원에서 소송을 해야 한다면, 그 비용과 번거로움, 불확실성 때문에 포기할 사람이 많을 것이다. 악한 자를 징계하는 데도 대가를 치러야 하듯이(주먹으로 악한의 얼굴을 가격하면 내 주먹도 아프고, 자칫하다가는 역으로 내가 폭행죄로 처벌받을 수도 있지 않은가?), 계약을 위반한 상대가 대가를 치르게 하는 데는 비용과 번거로움, 그리고 불확실성이 따른다. 그런 일이 생길 가능성을 줄이기 위해서는 어떻게 해야 할까? 내가 법적 절차를 이행하는 데는 비용이 적게 들고, 내가 계약을 위반해서 상대방이 법적 절차를 밟을 때는 비용과 시간이 많이 들도록 되어 있으면 유리할 것이다. 나는 3만 달러 때문이라도 비용을 걱정하지 않고 소송을 진행할 수 있고, 상대방은 10만 달러라도 소송을 진행하는 것이 망설여지도록 해두면 좋을 것이다.

국제계약에는 실제로 그런 목적으로 포함되는 조항이 있다. 재판관할권 조항이다. 분쟁이 발생했을 때 어느 나라의 어떤 법원에서 재판을 받도록 한다고 정해두는 것이 국제계약의 재판관할권 조항이다. 이는 영어로 Jurisdiction clause라고 하는데, 계약서에는 대개 'Dispute Resolution'이라는 소제목 아래 기록되어 있다.

국내계약에서는 재판관할권에 대해서 계약당사자가 계약 체결 시에 할 수 있는 일이 별로 많지 않다. 계약 위반에 대해서 손해배상을 청구하는 방법은 거의 세부사항에 이르기까지 법으로 정해져 있기 때문이다. 그러나 국제계약에서는 이야기가 다르다. 계약과 관련된 분쟁이 발생했을 때(여기에는 한쪽 당사자의 일방적인 계약불이행에 대해서 손해배상을 청구하는 것도 포함된다) 어느 나라의 법원에서 어느 나라의 법률에 따라 해결할 것인가는 계약을 체결할 당시에 당사자들이 결정할 수 있다(잘 모르는 사람들은 이 사항을 계약 당시에 정하지 않고 내버려 두기도 한다. 그러면 나중에 엄청나게 비싼 대가를 치른다).

예를 들어 중국에서 생산되는 조선블록을 거제의 조선소에서 구입하는 계약을 체결했다고 치자. 블록의 품질이 떨어지거나 납기가 늦어지는 일이 발생할 수 있다. 거제의 조선소가 중국의 블록생산 공장에게 손해를 배상하라고 점잖게 편지로 요구한다. 중국에 새로 생긴 조선소로 거래선을 바꾼 중국의 블록생산 공장에서는 편지에 답장도 하지 않는다. 이럴 때 중국의 블록생산 공장을 상대로 손해배상청구 소송을 진행해서 그 회사의 자산을 상대로 강제집행을 하고 싶어진다. 궁극적으로 강제집행을 하려면 블록생산 공장의 재산이 있는 곳의 법원의 명령이 필요하다. 중국의 블록생산 공장이 중국 이외의 곳에는 아무런 재산을 소유하고 있지 않다면, 어떤 방법을 쓰든 마지막에는 중국법원을 거쳐야 한다. 대한민국의 조선소가 경험이 많아서 중국의 블록생산 공장에게 대한민국 농협중앙회에 이행보증금을 예치해두라고 요구해서 그렇게 되었다고 치자. 이 이행보증금을 한국의 조선소가 찾기 위해서는 법원의 명령이 필요하다. 한국의 조선소가 통영의 법원에 중국의 블록생산 공장을 대상으로 손해배상청구 소송을 제기한다. 그런데 중국의 블록생산 공장에서 선임한 변호사가 통영의 법원은 해당 분쟁을 심리할 권한이 없다고 주장한다. 블록납품 계약서를 근거로 제시하는데 계약서에는 '본 계약과 관련해서 발생하는 모든 분쟁은 중국의 심양지방법원에서 배타적으로 심리한다'라는 조항이 들어 있다. 그러면 통영지방법원은 심리를 거부하고, 거제의 조선소에게 심양의 법원에 가서 판결을 받으라고 판결한다. 그러면 거제의 조선소가 농협중앙회에 예치되어 있는 이행보증금을 찾기 위해서는 중국 심양에 가서 중국 변호사를 고용해서 중국법원의 판결을 받아야 하는 상황이 발생한다. 분쟁관할 법원이 통영지방법원으로 되어 있는 경우와 비교를 해보면 그 차이를 쉽게 상상할 수 있을 것이다.

재판관할권과 준거법률(해당 계약서를 해석하는 근거로 사용할 법률)은 계약 체결 당시에는 아무런 의미도 없는 요식 조항인 것처럼 보이지만 일단 분쟁이 발생하면 이보다 더 중요한 조항이 있을까 싶을 정도로 빛을 발한다. 경험이 많지 않은 협상가들은 계약을 체결할 때 이 조항에 대해서 거의 주의를 기울이지 않고 대부분 상대방이 하자는 대로 받아들인다. 그들은 '설마 계약불이행으로 소송까지 하는 일이 발생하겠나?' 하고 속으로 생각할지 모른다. 그렇게 생각하는 사람은 절대로 틀렸다. 계약불이행이 발생할 염려가 전혀 없다면 그냥 말로 합의하면 그만이고, 아예 계약서를 작성할 필요도 없다. 계약서를 작성한다는 것 자체가 계약 위반이 발생할 경우에 대비하기 위한 것인데, 정작 계약 위반이 발생했을 때 아무 쓸모가 없거나 우리에게 불리하도록 되어 있는 것이라면 계약서 작성의 목적 자체와 배치되는 것이다. 우리나라의 중소기업에서 국제계약을 담당하는 실무자들은 계약을 할 때 계약서는 당연히 상대방이 내놓는 양식을 사용하는 것으로 아는 사람들도 있다. 이런 경우에는 십중팔구 이상이 분쟁 발생 시 상대방의 홈그라운드에서 상대방 국가의 규칙에 따라 불리한 싸움을 해야 하는 상황에 처한다.

3) 계약 위반에 대한 책임을 질 사람이 존재하지 않게 하는 방법

재판에 이기고도 돈을 받지 못하는 경우가 있다. 많은 돈을 들이고, 오랜 시간이 걸려서, 우여곡절을 겪은 뒤에 재판에 이 겼다 치자. 그렇다고 해서 당장 내 은행통장으로 돈이 들어오는 것은 아니다. 그런 경우는 매우 드물다. 상대방이 신용이 확실 한 대기업이나 정부기관일 경우에는 판결이 나면 바로 법원의 판결대로 보상금이나 배상금을 지불하기도 한다. 그러나 상대 방이 작은 기업이거나, 대기업이라도 앞으로 한국 시장에서 계 속 거래할 계획이 없는 경우, 혹은 다른 이유로 법원의 지불 명 령을 하나의 권고사항 정도로밖에 여기지 않는 사람도 있다. 이 들에게서 돈을 받아내려면 강제집행을 해야 한다. 앞서 예를 든 경우는 다시 법원에 농협중앙회를 상대로 이행보증금 인출 명 령을 받아내는 절차를 거쳐야 한다(물론 그보다 훨씬 이전에 이행 보증금을 국외로 반출하지 못하도록 하는 조치를 취해두어야 한다).

우리 법원의 힘이 미치는 농협중앙회에 이행보증금이 예치 되어 있는 것은 행복한 경우다. 타이의 봉제공장에 주문한 봉제 인형이 납품되지 않아서 선지불한 계약금과 공급한 원자재 대 금을 찾아야 하는 경우를 상상해보자. 계약서에 관할법원을 서 울중앙지방법원으로 해두었기 때문에 별 어려움 없이 손해배 상판결을 받아냈다고 하자. 이 타이의 봉제공장은 서울 또는 대 한민국의 어느 곳에도 예금이나 부동산 등 자산을 아무것도 보유하고 있지 않다. 그런데 타이에는 공장부지와 건물을 소유하고 있는 것으로 알려졌다. 그러면 타이에 있는 공장부지와 건물을 압류해서 강제매각하는 조치를 취할 수 있겠는가? 원칙적으로 그럴 수는 있다. 그 방법은 앞에서 말한 대로 서울중앙지방법원의 판결을 타이법원에서 승인받고 이를 바탕으로 타이법원의 집행 명령을 받아서 강제이행 조치를 취하는 것이다. 그렇게 해서 오랜 시간과 비용을 들여서라도 강제이행을 하고 돈을 받아낼 수 있으면 다행이다. 때로는 그 기간 동안에 타이의 회사가 갖고 있던 공장부지와 건물들을 제3자에게 매각하고 파산해버릴 수도 있다.

존 그리샴의 출세작 『그래서 그들은 바다로 갔다』(원제는 *The Firm*)가 그런 스토리다. 대기업을 상대로 그들의 제품 결함 때문에 발생한 피해 보상청구를 해서 막대한 액수의 손해배상 선고를 받았지만, 피고인 기업은 선고가 확정되기 전에 모든 재산을 제3자에게 넘기고 공중분해를 해버린다. 재산을 타인 명의로 은닉하거나 해외 도피하는 사례는 신문에서 가끔 보았을 것이다. 내국인이나 국내 기업보다 외국 기업이나 다국적 기업들이 이런 행동을 취하기가 더 용이하고, 그런 기술도 발달되어 있다. 어느 영국 판사의 판결문 문구처럼 '텔렉스 한 장으로'

몇 조 원의 재산이 이 나라에서 저 나라로 옮겨지는 것이 현재의 세계경제 상황이니까(이 판결은 이메일이 일반화되기 전에 내려진 것이다. 그래서 판사가 '이메일 한 통'이라고 말하지 않고 '텔렉스 한 장'이라고 예를 들었다).

4) 요약 및 결론

거래에서는 누구라도 내가 칼자루를 쥐고 상대방이 칼날을 잡게 하고 싶을 것이다. 그렇게 할 수 없다면 적어도 양쪽이 대등한 길이의 칼로 싸울 수 있기를 원할 것이다. 그런 결과를 낳기 위해서 계약을 체결할 때 고려할 사항은 첫째, 계약서의 조항이 일방적으로 나만 구속하고 상대방은 풀어놓는 것인가(그 역으로 상대방은 묶어놓고 나는 자유를 누릴 수 있는 내용인가), 둘째, 분쟁이 발생했을 때 적절한 비용으로 판결을 받아낼 수 있겠는가(반대로, 상대방이 웬만한 분쟁에 대해서는 비용 때문에 소송을 포기하도록 되어 있는가), 셋째, 유리한 판정이 났을 때 이를 집행할 수 있겠는가(불리한 판정이 나더라도 내 재산은 다치지 않도록 할 수 있는가) 등이다. 이렇게 적어놓고 보면 좀 치사하고 비열한 것처럼 보인다. 그러나 전 세계의 경제를 주름잡는 다국적 대기업들이 비싼 변호사를 사서 시키는 일을 요점 정리하면 이 세 가지인 것이다. 이런 점을 고려하지 않고 계약에 임하는 실무자는 자기 고용주에게 불이익을 주는 사람이요, 최고 경영자가 그런 마인드를 가지고 있다면 자기 주주들에게 최선의 서비스를 제공하지 않는 사람이다.

2

표준계약서 이야기

국제계약에서는 계약서에 작성된 내용이 곧 법이요 규칙이다. 나라마다 관습이 다르고 법률이 다르기 때문이다. 국제계약에서는 해당 거래에서 발생할 수 있는 모든 상황에 대해서 어떻게 결정할 것인지를 시시콜콜하게 정해둬야 한다. 이 계약서는 어떤 법률에 따라서 해석하고, 이 계약과 관련해서 분쟁이 발생했을 때는 누가 어떤 규정을 따라서 판정한다는 등 시시콜콜한 내용까지 모두 지정하는 것이다.

업계에서 많이 사용하는 표준계약서는 오랜 기간에 걸쳐 해당 업계의 당사자들이 사용해왔던 계약 내용을 담고 있다. 계약 업무를 오래 담당해본 사람들은 알겠지만, 표준계약서는 한 종류만 있는 것이 아니다. 업계에 따라 표준계약서가 각기 다른 것은 물론, 동일 업계에서도 표준계약서가 여러 개이다. 예를 들면 조선업계에서는 스칸디나비아 양식과 일본 양식이 있다. 한국의 조선소에서는 대체로 두 양식을 절충해서 만든 양식을 사용한다고 한다.

이런 표준계약서는 절충의 산물이다. 앞에 예를 든 조선계약의 경우를 보면 조선을 의뢰하는 선주와 선주의 의뢰를 받아 배를 건조, 납품하는 조선소의 이해관계는 일치하는 부분도 있지만 서로 상충되는 것도 많다. 가장 단적인 상황은 건조대금이다. 선주 편에서는 배가 완성되어서 납품되고 난 뒤에, 아니 그보다 나중에 한 일 년쯤 사용해보고 하자가 없다고 확인된 다음에 대금을 지불하기로 한다면 제일 좋을 것이다. 그러나 그런 조건으로 배를 건조해줄 조선소는 없다. 그렇게 한다면 조선소는 배를 건조하는 데 들어가는 자재와 인건비를 어디서 구한단 말인가? 자기 자금이나 은행융자로 충당을 한다면 금융기회비용이 발생한다. 자기 자금을 금융기관에 예치해뒀을 때에 받을 수 있는 예금이자나 은행 차입금에 대해서 지불해야 하는 이자

등이 이에 해당한다. 조선에 소요되는 비용이 큰 만큼 이런 금융비용도 만만치 않은 액수다. 이 금액을 선주가 부담하느냐, 조선소가 부담하느냐 하는 것은 궁극적으로 양 당사자 사이의 협상지위에 따라 결정된다. 그 방식도 전액을 미리 주거나 완성 후에 지불하는 일시불이 아니고 건조 단계별로 지급하는 방식을 사용하고, 지급한 건조비용에 대해서 은행이 환급보증을 서는 방식도 있다. 이런 다양한 방식 중에서 선주들에게 유리한 방식을 채택한 표준계약서가 있고, 조선소에 유리한 방식을 채택한 표준계약서도 있다.

국제계약에서 사용되는 거의 모든 분야의 표준계약서가 그렇다. 공급자에게 유리한 것과 구매자에게 유리하도록 작성된 것이 있다. 어떤 기업들은 아예 표준계약서를 사용하지 않고 자기들이 만든 계약서를 상대방이 받아들이도록 요구하기도 한다. 국제계약서를 어떤 양식을 이용해서 작성해야 한다고 정해 놓은 법은 없다. 어떤 양식을 사용하느냐, 아니면 아예 양식을 사용하지 않고 현재 거래의 상황에 맞게 주문해서 아예 새로 만든 양식을 사용하느냐는 순전히 거래 당사자들의 판단과 능력에 달려 있다. 여기에 능력이라고 하는 것에는 한 당사자의 지식이나 고정관념 또는 선입견도 포함된다. 국제계약에는 으레 상대방이 작성한 계약서나 표준계약서를 사용하는 것이겠거니 하고 믿고 있다면, 아무리 그 당사자가 우월한 협상지위를 점하고 있어도 계약서는 불리하게 작성될 수밖에 없는 것이다. 영미의 로펌에서는 표준계약서를 의뢰인의 상황과 이해에 맞도록 수정하거나 의뢰인의 요구에 따라 계약서를 새로 만들어주는 일을 한다. 로펌의 전체 인원 중 70% 이상이 이런 일을 하면서 밥을 벌고 있다. 소송을 전담으로 하는 사람은 로펌 전체 인원의 30% 이하다.

계약서를 유리하게 작성하는 일이 성공한 협상을 성공적인 비즈니스로 연결하는 요체다. 우리나라 기업에서 계약서 작성 실무를 담당하는 사람들은 영미계 기업과 거래할 때 계약서 작성에서 밀리는 경우가 많다. 그들은 두뇌나 열성, 그리고 헌신의 면에서는 그들의 영미계 기업의 거래 파트너보다 결코 뒤지지 않는 사람들이다. 그런데 왜 계약 체결에서는 번번이 불리한 쪽이 되느냐 하는 데 대해서 필자는 오랫동안 생각해보고 그 나름대로 그 원인을 다음과 같이 파악했다. 우리나라는 대륙법 계열의 법률체계를 갖춘 나라다. 대륙법에서는 민법이라고 하는 개인들 간의 사적 거래의 모든 면을 포괄적으로 관장하는 법률집이 있다. 그 덕분에 개인들 사이의 계약은 가격, 수량, 제품의

사양, 공급시기, 대금지급 방법 등 빈칸 채우기에 해당하는 항목만 결정하면 나머지 사항들은 법에 의해서 규정되도록 되어 있다. 그에 비해서 영미법에는 민법이라는 법률체계가 없다. 계약과 관련된 사항을 관장하는 법률이 몇 개 있는데, 그것은 모두 개인들 간에 작성된 계약이 효력을 갖기 위한 요건, 해석의 방법 등 형식적 요건에 대해서만 다루고 계약 내용에 대해서는 모두 당사자들이 결정하도록 맡겨두고 있다. 그처럼 계약이라고 하면 크고 작은 것 모두 당사자가 정하도록 되어 있고, 그렇게 정하는 내용은 그마다 한 가지만 있는 것이 아니라 다양하게 있을 수 있다고 배우고 자라난 사람과, 계약이라는 것은 빈 칸에 들어갈 내용만 당사자들이 정하고 나머지는 법에 정해진 대로 하는 것이라고 믿는 사람이 협상 테이블의 양쪽에 앉았을 때 필연적으로 일어나는 결과를 생각해보자. 그것은 계약서의 양식 또는 내용은 영미게 기업체의 협상대표자가 제시하는 것으로 생각하고, 그들이 제안하는 대로 따르는 것이다.

한국에 와서 가끔 의뢰를 받는 것이 외국과의 비즈니스 거래를 추진하는 기업체들이 상대방이 가져온 계약서를 주면서 내일 모레 체결할 계약인데, 큰 문제가 없는지 확인해달라고 하는 것이다. 한국인들의 입에 붙은 말이 '큰 문제가 없는지'다. 뭐가 큰 문제인지는 자기도 모르고, 그러니까 검토하는 변호사에게 알려줄 수도 없다. 어떤 것이 큰 문제인지 의뢰인이 알려준다면 변호사는 의뢰인이 가져온 계약서를 검토해서 그런 문제를 발생시킬 여지가 있는지 여부를 알려줄 수 있다. 그런데 의뢰인도 '큰 문제'가 무엇인지 알지 못한다. 그러면 '작은' 문제는 발생해도 되는지에 대해서는 말하지 않는다. '큰 문제'가 없는지 확인해달라는 사람들은 또 통상 기간을 아주 짧게 잡는다. 넉넉해야 일주일, 이틀 남짓한 기간 안에 해달라고 한다. 이틀 후에 사장이 이 계약서에 서명하러 스페인으로 가기로 되어 있다는 것이다. 그렇게 변호사에게 일을 맡기는 심리는 앞서 말한 것처럼 국제계약과 국내계약의 성격 차이를 모르는 무지와, 자기가 검토를 다 했으니 변호사가 괜히 사소한 문제를 가지고 트집을 잡아 시간을 끌고 돈을 더 많이 청구할 생각을 하지 말라는 주문이 들어 있다.

처음 몇 번은 그런 경우 변호사 나름대로 의뢰인이 원하는 작업을 해주려는 시도를 한다. 먼저 해당 업종의 큰 문제가 뭔지를 관련 분야의 법률서적을 통해서 공부하고, 의뢰인이 제시한 계약서와 다른 양식의 '표준계약서'들을 몇 개 찾아서 서로 비교, 대조하면서 해당 거래에서 발생할 수 있는 상황의 종류와 상황의 종류별 대처방법과 각 대처방법별로 예상되는 결과에 대해서 설명하고, 그 이슈마다 의뢰인의 판단을 묻는 것이다. 그렇게 하다 보니 다음과 같은 문제가 발생했다. 의뢰인은 이미 협상이 다 끝났다고 생각하고 이제 서명을 받기 위해 마지막 오케이를 받는 요식절차를 거치는 마음으로 변호사를 찾아왔는데, 변호사는 거의 모든 분야에서 협상을 새로 해야 한다는 요지로 이야기한다. 그렇다면 의뢰인의 작업 일정에 심대한 차질이 생긴다. 모레로 예정되었던 사장의 출장이 연기되어야 하는 것은 물론이고, 계약 체결을 전제로 확보해두었던 원자재와 인력을 취소하고, 계약금 수령을 전제로 작성했던 자금계획도 다시 짜야 한다. 대혼란이 초래되는 것이다. 실무자는 만족스럽지 않고, 변호사에게 짜증이 난다. 지금까지 다른 변호사는 '큰 문제는 없다'는 말로 오케이 스탬프를 찍어줬는데, 이 변호사만 까다롭게 굴어서 자기의 성공 작품인 계약 체결을 무산시킬 위험에 처하게 만든다고 생각한다. 기업의 실무자와 변호사 사이에 긴장관계가 형성되고, 심지어는 다른 변호사에게 가버리기도 한다. 그래서 요즘은 그런 조건에서 의뢰하는 계약서 검토업무는 되도록 사절한다.

그러면 어떻게 하는 것이 계약을 잘하는 방법일까? 영미의 로펌들이 기업체를 상대로 하는 광고에는 '귀 업체의 팀의 일원이 되어서 조언을 해드리겠습니다'라는 내용이 많다. 제대로 법률서비스를 해주기 위해서는 고객 기업의 사업내용을 잘 알고 있어야 하기 때문에 이런 광고 문안이 매력이 있을 것이라고 판단하고 많이 사용하는 것이다. 큰 기업체는 법무팀을 두고 있기도 하다. 그러나 중소기업체에서, 그리고 국제계약이라고는 일 년에 한두 개 할까 말까 하는 상황에서, 비싼 돈을 들여서 법무팀을 둘 수는 없다. 그렇다고 외부의 변호사에게 기업의 모든 회의에 참석하라고 하면 그 돈도 감당하기 어렵다. 현실적인 방법은 상대방 기업체와 상담을 시작하기 전에 먼저 변호사와 상의를 하는 것이다. 해당 상담이 성립할지 않을지도 모르는데 변호사비를 들이는 것은 아깝다는 생각이 들 것이다. 그러나 그 생각은 잘못된 것이다. 이번 거래가 성사되지 않을 수도 있지만, 어차피 당신의 기업은 그와 유사한 거래를 계속 시도할 것이다. 처음 거래를 시작할 때 우리에게 유리한 계약서 양식을 당신의 변호사로부터 제공받고, 협상에서 양보해도 좋은 것과 반드시 따내야 하는 것을 변호사와 상의한 다음에 협상에 임하면, 협상이 타결되었을 때 계약서를 마무리 짓기 위해서 소요되는 비용이 줄어든다. 마무리 단계에서 계약서를 검토할 변호사는 이미 그 계약서 내용을 다 알고 있기 때문이다. 그래서 비용 면에서는 처음부터 변호사와 상의하는 것이 협상이 마무리되고 난 뒤에 '큰 문제가 없는지'만 검토해달라고 의뢰하는 것과 별 차이가 나지 않는다(별 차이가 나지 않는다고 말하는 것은 협상이 마무리된 뒤에 검토하는 사람도 건성으로 훑어보는 것이 아니라 그 비즈니스의 상황과 발생할 수 있는 모든 상황과 문제, 그리고 다양한 형태의 기존 계약들을 모두 검토하는, 제대로 된 검토를 하는 것을 전제한 것이다). 그리고 협상의 각 부분에서 우리에게 유리하게 타결 지을 수 있고, 모든 부분을 유리하게 타결 짓지 못한다 하더라도 어느 부분을 주면 어디서 그 대가를 요구할지를 알고 갈 수가 있는 것이다. 혹시 그 협상이 타결되지 않는다 하더라도 그 기업은 동종의 사업을 계속 진행할 것이기 때문에 다음에 유사한 거래를 할 경우에 지난번에 변호사로부터 받은 자문을 바탕으로 협상의 포인트를 정할 수 있다. 자기 나름의 표준계약서를 보유하게 되는 것이다.

3

분쟁해결의 방법

국제 거래를 진행하다가 상대방이 계약불이행을 통지해올 때, 혹은 아무런 통지 없이 계약을 이행하지 않을 때 처음 겪는 사람은 어떻게 대처해야 할지 감이 잡히지 않는다.

국제 상거래에서 발생하는 분쟁을 해결하는 방법은 네 가지가 있다. 어쩌면 네 단계가 있다고 말하는 것이 더 정확할지도 모르겠다. 그것은 ① 대화와 협상, ② 조정, ③ 중재, ④ 재판이다.

1) 대화와 협상을 통해 원만하게 해결하는 방법

먼저 상대방과 대화를 하는 것이다. 즉, 협상을 통해서 해결하는 방법이다. 이 대화를 통해서 내가 원하는 조건 또는 내용으로 분쟁이 타결되면 그 이상 좋은 방법이 없다. 내가 원하는 조건이 백 퍼센트 반영되지 않는 경우가 더 많겠지만, 그렇다고 하더라도 쌍방이 받아들일 수 있는 수준에서 합의에 도달할 수 있으면 그것이(계약이 그대로 이행된 것만큼은 못하겠지만) 그 상황에서 가장 나은 해결이다. 이렇게 합의에 도달하는 데도 기술이 필요하다. 때로는 변호사가 개입하기도 하고 협상 전문가를 고용하기도 한다. 계약불이행이 발생한 뒤 곧바로 쌍방의 직접 대화를 통해서 해결하기도 하고, 뒤에 설명할 조정(Mediation)을 통해서 또는 중재(Arbitration)나 재판을 진행하는 과정에서, 심지어는 중재나 재판의 판정이 내린 다음에 합의에 도달하는 경우도 비일비재하다. 즉, 합의에 도달하는 것은 언제든지 가능하고, 재판이 진행 중이라고 해서 합의를 위한 노력을 더는 진행하지 않아야 한다고 생각하는 것은 잘못된 것이다.

2) 조정(Mediation)

쌍방이 직접 대화를 통해서 합의에 도달하지 못하는 경우에 취할 수 있는 다음 단계로는 조정이 있다. 조정에 대해서는 일반적으로 '쓸데없이 시간과 비용만 낭비하는 절차'라고 생각하는 사람들이 많다. '쌍방이 직접 대화를 통해서 합의하지 못한 것을 제3자를 가운데에 끼워 넣는다고 합의할 수 있겠느냐?'라고 흔히 생각한다. 사실은 그렇지 않다.

민사소송에서 합의로 종결되는 경우의 비율이 그렇지 않은 경우보다 훨씬 높다. 소송을 시작할 때는 기세등등하게 '이것은 돈의 문제가 아니라 원칙의 문제다', '돈이 얼마나 들어가더라도 내가 옳고 상대방이 틀렸다는 것을 보여주겠다', 더 나가서는 '이것은 나 혼자만의 문제가 아니다. 저런 자는 버릇을 고쳐놓아서 다른 사람에게 더는 피해를 주지 못하도록 만들어 놓겠다' 등의 공분과 원칙을 강조하던 태도가, 시간이 지나가고 그에 따라 스트레스와 비용이 늘어가면서 점차 바뀐다. 원칙은 추상적이고 현금은 구체적이다. 한 녀석의 버릇을 고쳐놓는다고 온 세상이 바뀌는 것이 아니다. 인류 역사가 시작된 이래 나쁜 사람은 있었고, 앞으로도 '쭈욱' 있을 것이다. 부처님도 공자님도 예수님도 하지 못한 일을 내가 해결할 수는 없다.

　현실적으로 내가 지금 할 수 있는 가장 좋은 일은 최소한의 비용으로 이 사건을 마무리 짓고, 재판을 준비하고 진행하는 노력과 비용을 내가 잘하는 본업에 투입해서 훨씬 더 많은 수익을 거두는 것이라는 생각이 들기 시작한다. 재판을 한다고 해도 내 맘에 쏙 들게 마무리되는 경우는 별로 없다. 시간은 왜 그렇게 오래 걸리는지. 판결이 우리에게 유리하도록 만드는 것도 쉽지 않고, 그 일을 위해서 변호사를 만나고, 심지어는 법원에 출두해서 죄인처럼 상대방 변호사의 반대심문에 답변을 하는 일은 스트레스를 보통 많이 받는 일이 아니다. 그렇게 해서 이기면 내가 손해를 본 것이 전부 만회되나? 신청한 손해배상액을 전부 받는다고 해도, 소송하느라고 소비한 변호사 비용에 대해서는 일부만 보상을 받을 뿐이고, 재판을 준비하고 참여하느라고 사용한 내 시간에 대해서는 아무런 보상도 못 받는다. 판결을 받았다고 그대로 현금이 되어서 바로 다음날 통장에 입금되는 것도 아니다. 상대방이 돈이 없다고 하면 강제집행을 해야 하는데, 다행히 재산이 있으면 강제집행이 가능하겠지만 그 절차를 진행하는 데 또 시간과 비용이 들어간다. 혹시라도 상대방이 재산을 다른 사람 명의로 옮겨놓고 파산을 신청해버리면, 그때는 어떻게 내 돈을 찾을 수 있나? 상대방이 숨겨놓은 돈을 찾아야 하고, 그 돈이 상대방의 소유물이라는 것을 입증해서 받아낼 수 있기 위해서는 또 재판을 해야 한다.

이런 상황은 국내재판에서뿐만 아니라 국제분쟁에서도 마찬가지다. 국제분쟁에서는 여기에 외국이라는 변수가 하나 더 들어가기 때문에 시간과 비용은 더 많이 소요되고 결과는 더 불확실하다. 예를 들어 A국에 본부를 둔 회사를 상대로 소송을 해서 A국 법원에서 판결을 받았는데, 상대방이 B국에 있는 자회사로 재산을 전부 옮겨버리고 A국에는 빈껍데기만 남겨둔다면 A국 법원에서 받은 판결을 가지고 다시 B국 법원에 가서 집행 명령을 신청해야 한다. A국과 B국 사이에 상대방 법원의 판결을 인정한다는 조약이 체결되어 있지 않다면 그나마도 불가능하다. B국 법원에서 처음부터 다시 소송을 시작해야 한다. 이때 A국 법원에서 승소한 사실은 하나의 증거로만 사용될 뿐이지 그대로 인정해주지도 않는다.

이런 문제점을 극복하기 위해서 사용되는 것이 국제중재지만, 뒤에 설명하는 대로 국제중재를 통한 분쟁해결에도 문제점이 적지 않다. 그래서 많은 소송당사자들이 중재나 재판을 진행하는 도중에, 혹은 판결이 나고 강제집행을 하기 전에 합의를 통해서 사건을 종결짓는 것이다. 이 단계에서 합의에 도달하면 처음부터 합의를 한 것보다 피해가 크다. 변호사 비용을 비롯한 많은 비용과 시간이 이미 소진된 것이다. 그런데 현실에서는 이렇게 해결되는 경우가 많다. 왜 그런가? 그것은 위에서 말한 대로 당사자들의 태도가 '감정에 바탕을 둔 이상론'에서 '현실을 직시한 뒤에 도달하는 각성'으로 바뀌는 것에도 원인이 있다. 그러나 그것보다 더 큰 것은 쌍방이 각자 자기 입장의 한계를 파악하게 되는 데서 발생한다. 즉, 처음에는 누구든지 자기가 반드시 이길 것으로 생각한다. 모든 증거와 상황을 자기에게 유리하게 파악하고(인간의 본성이다), 재판을 하면 자기가 백 퍼센트 이길 것으로 자신만만하다. 재판을 시작하는 사람이 변호사에게 대부분 물어보는 것이 "이기면 우리 변호사 비용은 전부 돌려받을 수 있나요?"이다. 그러다가 "전액을 돌려받기는 어렵고 법원이 정한 기준 또는 중재재판부가 정하는 액수만을 돌려받는데, 그 비율은 낮습니다"라는 답변을 들으면 대부분 실망한다. 그 답변을 듣고 '내가 지면 상대방 변호사 비용을 전액 물어주지 않아도 된다니 다행이다'라고 안심하는 표정을 짓는 소송의뢰인은 거의 보지 못했다. 그만큼 소송을 시작할 때는 자기의 승리를 확신하는 것이다.

상담을 해주는 변호사도 그 단계에서는 자신의 의뢰인이 이 길 가능성이 높다고 생각한다. 의뢰인의 일방적인 이야기만을 듣고, 의뢰인이 제공하는 증거자료만을 볼 수 있기 때문이다. 그러나 재판이 진행되면 상대방에게도 자기들의 주장이 있고, 상대방에게 유리한 증거들이 나타나기 시작한다. 재미있는 것은(사실은 슬픈 이야기지만) 상대방에게 유리한 증거가 상대방에 의해서 제출되는 것뿐 아니라 우리 측 의뢰인에게서 나오는 경우도 많다는 것이다. "왜 이 증거를 처음부터 제게 알려주지 않으셨어요?" 하고 변호사가 물어보면 "불필요한 것 같아서요"라는 대답이 돌아온다. 사실은 그 증거를 숨길 수 있다고 믿었기 때문에 그렇게 하는 경우도 많다. 재판을 하는 변호사들이 흔히 하는 이야기는 "예상치 못했던 불리한 증거가 나타나지 않으면 재판에 질 일이 없다"라는 것이다. 이처럼 숨길 수 있을 것 같았던 증거가 드러나고, 알지 못했던 사실이 상대방의 변론을 통해서 알려지면서 우리 측 주장의 타당성이 처음 생각했던 것보다 약하다는 것이 드러나고 이길 확률이 현저하게 떨어질 수도 있다는 생각이 들기 시작한다.

이 정도가 되면 아무리 강경한 변호사도 진지하게 의뢰인에게 합의를 시도해보라고 종용한다. 문제는 그 단계가 될 때까지 많은 비용이 들어간다는 것이다. 우리나라의 국내재판에서는 변호사에게 착수금만 주면 되니까 재판을 어느 단계에서 중단하든 의뢰인 측에서는 비용 차이가 별로 크지 않겠지만, 국제재판이나 국제중재의 경우에는 변호사 비용을 시간당으로 계산해서 지불한다. 변호사가 소비하는 시간의 대부분은 재판을 준비하는 단계에서 들어간다. 영미법정에서는 재판을 변호사들의 일인극이라고 흔히 말한다. 자기가 대본을 쓰고, 자기가 연출하고, 자기가 연기하는 일인극인 것이다(상대가 있으니 이인극이라고 할 수도 있지만 서로 출연 순서가 다르기 때문에, 두 사람이 교대로 하는 모노드라마라고 보면 거의 비슷하다. 관객은 방청객, 소송당사자, 그리고 재판관이다). 두 시간짜리 연극을 위해서 극단의 배우들이 한 달 정도 연습하는 것은 흔한 일이다. 거기에는 대본을 준비하는 시간은 포함되지 않는다. 하루 종일 진행되는 재판을 준비하는 데 얼마나 시간이 소요되겠는가? 처음 의뢰인을 면담하는 데에서부터 시작해서 증거자료들을 수집하고 관계 법률을 조사하고, 법정 제출 서류와 변론문을 준비하고, 증인 심문을 준비하고, 재판 일정과 준비상황을 의논하기 위해서 상대방 변호사와 협의하고, 때로는 준비기일에 법원에 가서 판사 앞에서 보고를 하는 것 등이 의뢰인이 보지 않는 동안 변호사들

이 하는 일이다. 이것을 시간당 비용으로 계산할 때 복잡하지
않은 경우라면 하루 재판에 준비시간이 이틀 들어간다고 보고
영미의 법원에서 변호사비 보상을 해준다. 그러나 실제로 들어
가는 시간은 그보다 훨씬 많을 수 있다. 이처럼 재판과 관련되
어서 소요되는 비용의 대부분이 재판이 열리기 전에, 그 준비를
위해서 변호사들이 소비하는 시간에 대해서 보상해주느라고
들어간다. 그러므로 재판 도중에 합의를 하는 것은 재판을 시작
하기 전에 또는 준비를 본격적으로 시작하기 전에 합의를 하는
것과 비교하면 변호사 비용의 면에서는 별다른 이익이 없다. 국
제중재의 경우 중재재판부가 구성되고 난 다음에는 중재재판
부에게 지불하는 돈도 의뢰인이 내야 한다.

이렇게 많은 시간과 비용을 들이고 난 다음에 파악하게 되는
현실을 좀 더 적은 비용으로 파악하게 해주는 것이 조정이다.
ICDR(International Court of Dispute Resolution)[*]이라는 국제중재
재판소의 실무자는 그 재판소를 통해서 국제중재 절차를 진행

---

* 세계 3대 국제중재법원 중의 하나인 미국중재협회(American Arbitra-
tion Association: 흔히 AAA라고 쓰고 Triple A라고 부른다)가 전 세계
로 영업을 확대하기 위해서 싱가포르에 설립한 중재법원이다.

하려는 의뢰인들에게 일률적으로 조정을 진행해보라고 권한다고 한다. 그러면 그중 90% 정도가 거부하는데, 조정에 응하겠다고 한 나머지 10% 중 85% 이상이 조정에 의해서 합의에 도달한다고 한다. 흔히들 생각하는 것보다 조정에 의해서 합의에 도달하는 비중이 훨씬 높은 것이다.

조정에 의해서 합의에 도달하면 첫째, 비용 면에서 훨씬 이익이고, 둘째, 시간도 훨씬 적게 들고, 셋째, 중재재판이 진행되는 동안에 증인으로 출석해서 증언을 하고 반대심문에 대답하는 스트레스, 우리 쪽 변호사가 재판을 진행하는 것을 보면서 조마조마하는 스트레스, 심리가 끝나고 결과가 나올 때까지 기다리는 동안 겪는 스트레스 등을 모두 피할 수 있다. 그리고 상대방과 합의를 해서 분쟁을 마무리 짓는 것이기 때문에 끝나고 난 뒤에 상대방과 악수를 할 마음도 생기고 잘하면 다시 거래를 할 가능성도 있다. 원래 이 지구상에서 가장 적절한 거래 상대방이라고 서로를 파악해서 거래를 시작했던 것 아닌가? 거래를 하다 보니 본색이 드러나서 다시는 상종을 하면 안 될 인간이라는 생각이 드는 경우도 있지만, 분쟁의 발생이 오해나 금융위기 같은 외부적 요인이 작용한 결과인 경우에는 상황이 바뀌면 다시 거래를 시작할 수도 있는 상대다. 그런데 분쟁해결 과정에서 서로 회복할 수 없을 정도로 감정을 상해버리면 기회가 와도 다시 거래의 문을 트기 어렵다. 하지만 합의를 하고 웃는 낯으로 악수를 하고 헤어지면 나중에 상황이 좋아질 때 서로 전화라도 할 수 있는 것이다.

원래는 중재가 그런 목적으로 이용되었지만 요즈음의 국제 중재는 재판과 거의 구분이 되지 않을 정도로 형식과 절차를 갖춰서 진행되기 때문에 중재판결이 난 뒤에 쌍방이 화해하기는 어렵다. 중재재판에 지면 돈 잃고 비즈니스 파트너 하나를 잃어버린다. 그에 비해 조정은 쌍방의 적개심이 돌이킬 수 없는 수준에 이르기 전에 분쟁을 해결하고 다시 거래를 시작할 수 있는 가능성을 열어준다.

조정이 중재와 다른 점은 조정이 강제력을 갖는 절차가 아니라는 것이다. 조정에서는 어느 하나의 사안도 쌍방이 원하지 않으면 결정되지 않으며, 조정에 임하는 당사자들이 조정자에게 털어놓는 속내는 상대방이 알지 못하도록 되어 있다. 또, 조정은 쌍방의 합의를 목표로 하는 절차이기 때문에 분위기도 재판이나 중재와 다르고, 조정자의 태도도 판정을 내리는 사람의 엄격함이 아니라 화해를 시키는 사람의 부드러움을 덕목으로 삼고 있다. 재판이나 중재에 비해서 조정이 갖는 이점은 이처럼 무수하게 많은데 사람들이 대부분 이를 이용하지 않는 이유는 단 한 가지, 별로 효과가 없을 것이라는 불신 때문이다. 그러나 ICDR의 실무자가 말한 것이 사실이라면(그가 사실이 아닌 것을 말할 이유가 없으므로 사실이라고 믿기로 하자) 조정의 성공률은 일반적으로 생각했던 것보다 높다. 그냥 높은 것이 아니라 훨씬 높다. 그렇다면 약간 둘러 가더라도 조정을 한번 시도해보는 것이 실속 있는 대처방법이 아닌가 싶다.

3) 중재(Arbitration)

'Arbitration'은 서구에서 들어온 제도다. 이것을 중재라고 이름 붙인 것은 실책이다. 중재는 한자로 '仲裁'라고 쓰는데 가운데 선 사람 중(仲) 자에 재판할 재(裁) 자를 써서 가운데 선 사람이 재판을 한다는 뜻이다. 즉, 분쟁 중인 쌍방과 이해관계가 없는 제3자가 판정을 내린다는 뜻인데, 그 점은 재판과 다르지 않다. 그런데 재판이라고 하지 않고 중재라고 하는 것은 재판은 법률에 따라 국가에서 설치한 법원과 판사가 하는 헌법기관의 행위인 데 비해서 중재는 그 같은 국가기관이 아니라 민간인이 하는 판정으로 재판과 구분하기 위해서 그런 용어를 사용한 것으로 보인다.

문제는 우리나라 사람들은 대부분 '중재'를 재판이라고 생각하지 않고, 중간에 선 사람이 화해시키는 것으로 생각하는 것이다. 즉, 조정을 중재라고 생각한다. 보통 사람들만 이렇게 잘못 생각하는 것이 아니다. 국어사전에도 그런 의미로 설명되어 있다. 다음이나 네이버의 국어사전에서 중재를 검색해보면 다음과 같은 설명이 나온다.

<table>
<tr><td>

중재 仲裁 명

1. 분쟁에 끼어들어 쌍방을 화해시킴.
2. 제삼자가 분쟁 당사자 사이에 들어 분쟁을 조정하고 해결하는 일. 제삼자의 결정은 구속력을 가짐.

</td></tr>
</table>

위의 설명 중 두 번째가 국제중재라고 할 때의 중재를 설명하는 것이다. 그러나 법률가나 그 분야에서 일하는 사람들을 제외한 대부분의 한국 사람들이 중재라는 단어를 들을 때 떠올리는 의미는 첫 번째의 것이다.

그러므로 'Arbitration'을 우리나라에 '중재'라고 이름 붙인 것은 일반인들을 혼동하게 만든 것으로 불행한 일이다. 그 뜻을 정확하게 나타내는 이름을 붙인다면 '사설재판' 또는 '민간재판'이라고 하는 것이 옳지 않을까 싶다. 그런 이름을 붙이면 국가에서 임명한 법관이 아닌 민간인이 판정을 내리는 일이라는 뜻이 분명해진다. 그리고 양 당사자의 합의를 도출하기 위한 과정이 아니라 판결을 내리는 일이라는 성격도 명확하게 나타난다.

사설재판이라고 이름을 붙이면 지금 중재라고 부르는 제도의 여러 가지 성격이 쉽게 이해된다. 중재판정을 내리는 중재인들은 중개인이나 거간꾼이 아니고 사설재판관이라는 점, 중재재판소는 법적 기관이 아니고[*] 기업체나 민간 연구소 같은 사설기관이라는 점, 왜 세계에는 수많은 중재재판소가 있는지, 중재재판과 사법부의 판결은 어떤 연관이 있는지 등등.

국제중재에 대해서는 별도의 장으로 자세하게 설명하겠다.

---

[*] 대한상사중재원은 사단법인으로서 민간기관이지만 법률로 지원을 받고 있으므로 법적 기관의 성격을 띠고 있다.

4) 재판에 의해서 해결하는 방법

우리나라 사람 성격에는 재판으로 확실히 끝내는 것이 가장 성에 찬다. 어찌 우리나라 사람뿐이겠는가? 유럽인이나 미국인이나 중국인이나 인도인이나 아랍인이나 러시아인이나 그건 마찬가지일 것이다. 재판으로 종결지으면 확실하게, 분명히 끝이 난다는 점이 매력이다. 재판으로 정해진 결과가 반드시 가장 올바르기 때문에 재판을 선호하는 것은 아니다. 진 쪽은 언제나 결과에 불만이다. 그러나 재판의 결론에 대해서는 필요하다면 국가권력이 집행을 대행해줄 정도로 힘을 실어주기 때문에 불만이 있어도 어쩔 수가 없다. 그런 성격 때문에 분쟁의 마무리는 재판으로 끝내는 것이 확실하다. 그래서 국내에서 개인 간의 분쟁해결 수단으로서 재판은 확실하고, 신속하고, 경제적이고, 최종적이다.

그런데 왜 미국이나 유럽에서는 상거래 당사자들이 재판으로 분쟁을 해결하지 않고 중재라는 수단을 오래전부터 활용해 왔을까? 그것은 국제 민사 분쟁에서는 재판이라는 수단을 사용하는 것이 국내 분쟁의 해결처럼 간명하시 않기 때문이다. 가장 큰 문제는 '어느 나라의 법원에서 재판을 할 것인가?' 하는 데 쌍방이 합의하기 쉽지 않다는 점이다. 그렇다고 합의를 하지 않고 남겨두었다가 분쟁이 발생한 다음에 정하려고 하면 그때는 비용과 시간이 엄청나게 커진다. 분쟁 쌍방이 서로 자기에게 유리한 법원에서 소송을 진행하려 할 것이고, 그러다 보면 하나의 사건을 가지고 두 개 또는 그 이상의 법원에서 재판을 진행하는 경우도 생긴다.

그다음에는 집행의 문제다. 일방이 자기에게 유리한 법원(통상 그 당사자가 소속된 국가의 법원이다)에서 얻은 판결을 상대방의 재산이 있는 곳에서 집행할 수 있는가 하는 문제가 있다. 상대방이 자기 국가에서 별도의 재판을 진행했고 양쪽 법원의 판결이 서로 다른 경우에는 정말 해결이 곤란하다. 그래서 국제상거래 분쟁해결에서 재판보다 중재로 해결하는 경우가 늘어나는 것이다. 계약서를 작성할 때 우리 쪽이 원하는 조건을 강요할 수 있는 입장에 있다면, 소위 '갑'의 입장이라면, 중재로 해결하는 것보다 '갑'이 소속된 국가의 법원에서 분쟁을 해결하도록 하는 것이 중재로 해결하도록 하는 것보다 유리한 경우가 많다.

제2장

국제중재

1

국제중재의 이해

　국제중재에 대한 지식은 두 가지가 있다. 하나는 국제중재 소송을 담당하는 변호사가 알아야 하는 지식이고, 다른 하나는 국제중재라는 분쟁해결 서비스를 이용할 가능성이 있는 잠재적 소비자가 알아야 하는 지식이다. 지금까지(필자가 과문한 소치인지는 몰라도) 시중에 나와 있는 책 중에 소비자만을 염두에 두고 쓰인 책은 없었다. 이 장은 국제중재를 이용할 가능성이 있는 소비자에게 필요한 지식만을 설명하는 목적으로 썼다.

　국제중재는 앞서도 잠깐 언급했듯이, 국적을 달리하는 기업이나 개인 간의 민사적 분쟁을 '사설재판' 또는 '민간재판'에 의해 해결하는 것을 말한다.

　우리나라 옛날이야기 중에 이런 게 있다. 배가 고파 마을로 먹을 것을 찾아가던 산중 호랑이가 사냥꾼이 파놓은 함정에 빠졌다. 억울하고 분하고 살아야겠다는 욕심에 산중 호랑이가 처량한 소리를 내어 울었다. 지나가던 산짐승 누구라도 그 처량한 목소리에 이끌려서 가던 발걸음 돌려서 들여다보지 않을 수 없을 정도로 호랑이의 울음은 온 산을 울렸다. 산에 있던 많은 짐승들이 그 울음소리를 듣고 구해줄 마음으로 함정이 있는 곳에 왔다가 울음의 주인공이 굶주린 호랑이인 것을 발견하고는 황급히 발걸음을 돌렸다. 그러기를 몇 날, 호랑이도 기력이 다해서 울음이 잦아들 만한 때 서울로 과거를 보러가던 책상물림 선비가 그 소리를 들었다. 좋은 말씀이 담긴 책을 많이 읽어서 공자님의 인의예지 정신에 투철하고, 금수도 은혜를 갚을 줄 안다는 믿음을 갖고 있던 선비, 함정에 빠진 호랑이를 동정하는 마음이 들었다. 당시만 해도 사람과 짐승들은 대화를 나눌 수 있었던 모양이다. "어떻게 도와주랴?" 선비가 물으니까 호랑이가 나무둥치 하나를 함정 안에 빗대어 세워주면 그것을 타고 나올 수가 있다고 대답한다. 선비가 호랑이 시키는 대로 하자 호랑이는 단걸음에 함정을 빠져 나왔다. 선비는 이 호랑이가 은혜를 갚겠다고 했으니 '한양까지 남은 길을 등에 업어서 데려다 줄 려나?' 하는 기대 어린 눈으로 호랑이를 바라보고 있었다. 하지 만 함정에서 나온 호랑이는 생각이 달랐다. 함정에 빠져 있는 며칠 동안 주렸던 배를 야들야들한 선비의 살로 채워야겠다고 한다. 선비가 항의했다. "호랑이는 산중군자라고 했는데 세상 에 자기를 구해준 은인을 잡아먹겠다는 것이 무슨 소리냐?" 호 랑이는 "인간이 저 함정을 파서 나를 빠뜨리고 굶어죽을 뻔하 게 만들었다. 당신들 인간이 아니었으면 애초에 내가 함정에 빠 질 일도 없었고, 며칠 동안 굶주릴 필요도 없었다. 그러므로 내 가 인간에게 은혜를 진 것이 없다. 당신들 인간이 한 짓 때문에 겪은 고통을 같은 인간이 멈추도록 해줬다고 은혜를 갚으라고 하는 것은 자기 발로 제비다리를 부러뜨려놓고 나중에 제비가 은혜 갚을 박씨를 물어주기를 기다리는 놀부의 심보다. 인간 때 문에 내가 고생을 했으니 인간인 당신이 그 벌을 받는 것이 당 연하고, 내 주린 배를 채우기 위해서 당신을 잡아먹는 것은 너 무나 올바른 행동이다"라고 주장한다. 당장이라도 잡아먹을 기 세로 달려드는 호랑이에게 글깨나 읽은 이 선비, 마지막으로 산 중군자의 자존심에 호소한다. "좋다, 네 주장이 그렇다면 누가

57

옳은지 제3자에게 물어보자. 제3자도 네 말이 옳다고 한다면 내가 기꺼이 네 밥이 되어주마. 그렇지만 내가 옳다고 하면 나를 보내줘야 한다." 호랑이는 웬일인지 선비의 이 말에 흔쾌히 동의했다. 그리고 심판이 되어줄 제3자를 찾아서 돌아다니던 호랑이와 선비가 처음 만난 것은 토끼. 둘의 이야기를 들은 토끼는 물론 호랑이가 옳다고 판정한다. 그것 보라는 표정으로 당장 잡아먹으려는 호랑이를 겨우 달래서 또 다른 판결을 한 번만 더 받아보기로 한다. 이번에 만난 것은 여우. 여우도 토끼와 같은 대답이었다. 이번에야 말로 당장 잡아먹으려고 하는 호랑이 앞에서 이제 죽었구나 하고 선비가 눈을 감으려고 하는데 저쪽으로 총을 든 포수가 나타난다. 선비가 마지막으로 저 포수의 판결을 한번 받아보자고 요청하고 호랑이는 마지못해서 응한다. 둘의 이야기를 듣고 난 포수, 말만 듣고서는 잘 판단을 못하겠고 호랑이가 어떻게 빠져 있었는지 현장을 한번 봐야겠다고 그곳으로 가자고 요구한다. 셋은 호랑이가 빠졌던 함정이 있는 곳으로 갔고, 호랑이는 "내가 이렇게 빠져 있었단 말이오"라고 말하며 냉큼 함정으로 뛰어 들어갔다. 그러자 포수는 재빠른 동작으로 선비가 던져 넣었던 나무둥치를 꺼내서 멀리 던져버렸다. 그리고는 아직도 멍청하게 서 있는 선비에게 "무엇하고 계시오? 빨리 가던 길을 가시지 않고. 앞으로 다시는 함정에 빠진 맹수를 건져주는 그런 허튼 짓은 하지 마시오" 하고는 자기 길을 가버렸다.

기억에 의존해서 재창조한 것인 만큼 원래 이야기와 똑같지는 않을 것이다. 그럼에도 재판과 중재에서 일어나는 상황을 설명하는 데 좋은 도구가 될 것 같아서 길게 적었다.

말할 필요도 없이 호랑이와 선비는 소송당사자들이다. 그리고 토끼와 여우, 그리고 포수는 그들이 선택한 중재인들이다. 중재인 선택이 우연에 의해서 결정되기는 했지만 양자는 그들의 판결에 승복하기로 결정했다. 그런데 선비는 합의를 위반하고 두 번이나 중재인의 판정에 불복했다. 중재인들은 자기들의 판정에 불복하는 당사자들에 대해서 이행을 강제할 능력이 없었다. 물론 호랑이는 처음부터 끝까지 강제력이 있었다. 강제력이 제3자에게 있지 않고 분쟁의 한 당사자에게 있었다는 점에서 이 이야기는 현실에서 일어나는 상황들과는 다르다. 그 점을 감안하고 계속 이야기를 이어나가 보자. 제3의 중재인은 포수였다. 이 포수는 상황을 신속하게 파악했다. 자기가 내리는 판정에 대한 자발적 승복은 기대하기 어려울 것이라는 것을. 그래서 판결을 발표하기 전에 강제이행 수단을 먼저 확보해둘 방법을 고심했다. 즉, 호랑이가 사람을 잡아먹으면 안 된다고 말할 뿐 아니라 잡아먹지 못하도록 하는 수단까지 확보한 것이다.

재판도 그렇다. 재판결과에 자발적으로 승복하는 경우는 드물다. 패소한 쪽은 거의 언제나 불만이다. 그런 불만이 없도록 하려고 판사들이 논리적·합리적으로 길게 판결문을 쓰지만, 때로는 그런 판결문조차 비판을 받는다. 그러나 비판을 받든 받지 않든, 당사자들이 만족하든 안하든 재판은 효력을 가진다. 그렇기 때문에 사람들이 재판을 받으러 가는 것이다. 당사자들이 만족하든 안하든 재판이 효력을 가지는 것은 그 뒤에 국가권력이 있기 때문이다. 즉, 재판 결과의 이행을 국가기관이 담보해주기 때문이다. 민사소송의 강제집행 같은 것이 그것이다. 국가권력이 재판 결과의 이행을 보장해주지 않는다면 재판을 통해서 분쟁을 해결하려고 하는 사람이 없을 것이다. 직접 주먹이나 무기로 해결을 보거나 마피아 등을 동원해서 해결하려고 하지(재판 결과를 국가권력이 대신 이행해주는 문명국가에서도 여전히 조직폭력이나 마피아는 성행하고 있기는 하다. 그러나 그 정도는 법치 수준이 높을수록 약하다). 그래서 국내소송을 대행해주는 '사설재판'이나 '민간재판'은 흥행이 별로다. 판정 결과의 이행을 보장받지 못하기 때문이다.

잠깐 옆길로 들어가서, 위의 옛날이야기에서 포수가 한 행동은 이해가 되고 지혜로운 행동이라는 칭찬을 받을 만하다. 그런데 토끼와 여우는 왜 그런 판정을 내렸을까? 정말 호랑이의 주장이 옳다고 생각했을까? 그 대답은 그럴 수도 있지만 아닐 가능성이 더 많다. 당신이 그 입장에 있다고 생각해보라. 며칠을 굶주린 호랑이에게 선비를 보내줘야 한다고 말하면 그 선비 대신에 호랑이의 양식이 될 것은 누구겠는가? 뭐 물어볼 필요도 없는 이야기다. 그런 판정을 내린 토끼나 여우, 아니면 사람이 될 것이다. 그 상황에서는 누구도 호랑이에게 불리한 판정을 내리는 것이 어렵다. 실제 세상에서도 그렇다. 재판관의 독립성과 중립성이 보장되지 않으면 재판 결과의 공정성은 기대하기 어렵다. 재판을 담당하는 사법부는 권력과 협박으로부터 자유로워야 한다. 종신보직과 형사소추로부터 자유가 보장되어야 한다. 그 점에서 우리나라는 아직 사법부의 독립에 대한 제도적 보장이 미흡하다.

국가에 의해서 임명된 법관의 독립성에 대해서도 신뢰가 가지 않는데, 당사자들이 선정한 민간재판관 또는 사설재판관의 독립성과 판단력을 어떻게 믿을 수 있겠는가? 여기에 '사설재판' 또는 '민간재판'으로서의 '중재'가 넘어야 할 또 하나의 벽이 있다.

그래서 우리나라에서는 국내의 당사자들 사이의 분쟁해결 수단으로서 '중재'가 폭넓게 활용되고 있지 않은 상황이다. 국내 분쟁해결 수단으로서 '중재'가 갖는 또 하나의 문제는 '비용'이다. 법원에서 진행하는 재판에서는 재판을 담당하는 판사의 급료를 소송당사자들이 지불하지 않는다. 소송가액에 따라 징수하는 인지대가 있기는 하지만, 그 돈은 판사들의 급료에 사용되는 돈이 아니다. 법원에서 재판을 담당하는 판사들의 수임료를 비슷한 경력을 가진 변호사들의 수임료를 바탕으로 계산해서 그 돈을 모두 소송당사자들이 낸다면 그 액수는 지금 법원에 청구비로 내는 액수보다 훨씬 많아진다. 판사에게 지불하는 보수는 모두 국가에서 부담하기 때문에 소송당사자들이 내는 돈은 실제로 들어가는 비용보다 적은 것이다. 이렇게 하는 것은 '공정한 재판을 받을 권리'가 헌법이 보장하는 국민의 기본권이기 때문이다. 재판 비용이 너무 많이 들어서 영세한 개인이나 기업은 억울한 일이 있어도 법원의 판결과 그에 따른 국가권력의 집행을 통한 정의의 실현을 기대할 수 없다면 그것은 '자유민주주의' 질서를 바탕으로 하는 '문명국가'가 아니기 때문이다. 그래서 국가는 모든 국민이 신속하게 저렴한 비용으로 공정한 재판을 받을 권리를 보장해줄 의무가 있다. 그에 필요한 법원과 재판관의 확충은 국가의 기본적인 과제다.

우리나라에서는 변호사를 늘리자는 논의는 많지만 일반인들이 잘 모르는 사안이라서 그런지 실제로 늘려야 할 필요가 있는 법원과 판사의 증원에 대한 여론은 아직 형성이 되고 있지 않다. 법원과 판사를 늘리지 않고 변호사만 늘리는 것은 도로는 확충하지 않고 승용차만 늘리는 것이다. 집집마다 자가용을 한 대 또는 두 대씩 가지고 있지만 도로가 꽉 막히면 예전에 아무도 자가용이 없어서 버스로 출퇴근할 때보다 시간이 더 걸린다. 우리나라는 지하철과 도로확충을 동시에 진행했기 때문에 서울시내의 승용차가 200만 대가 넘는 요즘이 갓 100만 대를 넘겼던 1990년대 초보다 시내 교통 체증이 덜하다. 마찬가지로 로스쿨을 만들어서 해마다 변호사가 1,200명 씩 쏟아져 나오기 시작하면 국민의 법률서비스 소비는 늘어날 것이고, 그때가 되면 법원과 판사의 부족이 현저하게 드러날 것이다.

각설하고, 위에서 본 것처럼 민간재판 또는 사설재판인 '중재'는 국가가 관장하는 사법부에 의한 재판보다 약점이 많다. 첫째, 재판 결과 집행 가능성 여부가 불확실하고, 둘째, 재판을 하는 사람의 공정성과 중립성 확보가 어렵고, 셋째, 비용이 많이 든다. 그러므로 국내 당사자들 간의 분쟁은 재판으로 해결하는 것이 분명하고 간명하다.

그런데 국제거래에서는 상황이 좀 다르다. 국내 소송의 경우에는 소송당사자들이 동일한 국가권력, 동일한 사법관할권에 소속되어 있다. 그런데 국제거래의 당사자들은 각기 다른 국가권력, 그리고 상이한 사법관할권에 소속되어 있다. 그런 당사자들 사이에 분쟁이 일어났는데, 당사자들의 합의에 의해서 해결하지 못해서 제3자의 판단을 받아야 하는 상황이 되었을 경우, 위에 나열되었던 집행 가능성, 공정성과 중립성, 그리고 비용의 세 가지 면에서 모두 문제가 발생한다.

간단히 이야기하면 이렇다. 몽골의 갑과 베트남의 을 사이에 거래를 하다가 분쟁이 생기면 갑은 몽골의 법원에서 재판을 하려고 할 것이고, 을은 베트남의 법원에서 재판을 받으려고 할 것이다. 자기 나라의 법원에서 재판을 받으려고 하는 이유는 새삼 설명이 필요 없을 것이다. 판사는 공정하게 자국인이나 외국인이나 차별을 두지 않고 공정하게 판결을 한다고 전제하더라도(실제로도 그렇다고는 장담할 수 없지만) 재판에서 사용되는 언어는 자국어이고, 재판을 진행하는 변호사는 자기 나라 사람이다. 자국의 법원에서 재판이 진행되는 당사자는 재판을 준비하고 진행하는 과정 내내 자기 집에서 먹고 자고 하면서 다른 업무도 볼 수 있다. 한편으로 남의 나라의 법정에서 재판을 해야하는 사람은 모든 증거 문서를 그 나라말로 번역해야 하고 자기변호사와도 통역을 통해서 대화를 나눠야 한다. 법원이나 변호사가 외국인인 자기에게 공정하게 대해주는지에 대해서도 의심스럽다. 재판을 준비하기 위해서 변호사를 한번 만나려면 비행기를 타고 날아가야 하고, 국제전화나 인터넷을 통해서 연락하는 것은 항상 미흡하다. 재판이 진행되는 동안 내내 남의 나라의 호텔에서 비싼 비용을 들여서 머물러야 하고, 가족 얼굴을못 보는 것은 물론이고 다른 업무는 전폐해야 한다. 그래서 어느 쪽이든지 자기 나라의 법원에서 재판을 하고 싶어 하는 것은단순히 심리적인 것이 아니라 현실적이고 경제적인 정당성이충분히 있다.

양쪽이 모두 자기 나라의 법원에서 재판을 받으려고 하면 결국 어떻게 되나? 국제 상거래 분쟁에서 두 나라의 법원에서 동시에 재판이 진행되는 일은 드물지 않다. 필자가 지금 대리하고있는 소송의 경우에도 갑과 을 사이의 계약이 체결되었는지 여부에 대한 재판이 한국과 시애틀 법원에서 동시에 진행되고 있다. 각자가 자기에게 유리한 법원에서 재판을 받는다고 치자.

그 재판 결과를 어떻게 집행할 것인가? 갑이 고소인이고 을이 피고소인일 경우, 갑의 나라인 몽골에서 진행된 재판에서 갑이 승소하고, 을에게 손해배상금을 지불하라고 판결을 내렸다고 하자. 을이 몽골에 재산을 소유하고 있다면 갑은 몽골법원의 판결을 가지고 몽골에 소재한 을의 재산에 대해서 강제집행을 할 수 있다. 하지만 을이 몽골에 아무런 재산을 가지고 있지 않다면 어떻게 하나? 이 경우에도 을이 자기 나라인 베트남에만 재산을 가지고 있을 경우가 있고, 제3국에도 재산을 가지고 있을 경우가 있다. 을이 베트남에만 재산을 가지고 있을 경우를 생각해보자. 갑이 몽골의 법원이 내린 판결을 가지고 베트남에 있는 을의 재산에 대해서 강제집행을 하려고 하면 베트남법원의 확정판결을 받아야 한다. 이때 을은 베트남법원에 몽골법원이 해당 사건에 대해서 재판관할권이 없다든지 하는 이유로 확정판결에 이의를 제기할 수도 있다. 다른 한편으로 몽골과 베트남 사이에 서로 상대방 법원의 판결을 인정해주는 협정이 존재하지 않을 수도 있다. 그러면 몽골법원에서의 판결은 베트남법정에서는 하나의 참고사항에 지나지 않게 되고, 갑은 베트남법정에서 처음부터 다시 소송을 제기해야 한다. 이 과정을 극단적으로 표현하면 갑이 몽골에서 재판을 진행했을 때 을이 그 결과에 불복해서 항소를 했다면 갑이 몽골법원에서 최종 확정판결을 받기 위해서 1심, 2심, 3심까지 세 번의 과정을 거쳐야 한다. 그리고 다시 베트남법원에서 1심, 2심, 3심, 모두 여섯 번의 재판을 받아야 하는 경우를 상상해볼 수 있다. 걸려 있는 액수가 웬만큼 크지 않으면 그냥 손해를 보고 말겠다는 생각이 들 수도 있다. 그렇다고 국제거래에서 일방이 계약을 위반했을 때 금액이 적다고 항상 속수무책으로 당하고만 있을 수는 없다. 이런 문제가 해결되지 않고서는 국제거래가 활성화되지 않는다. 그래서 대안으로 인기를 얻고 있는 것이 국제중재인 것이다.

문헌을 검토한 것은 아니지만 필자가 추리해보면 국제중재는 원래 유럽에서 발달했다. 특히 해상법 분야에서 발달했는데, 그 이유는 이렇다. 해상법은 배와 관련된 법률분야다. 배를 이용해서 화물을 운송하는 일, 배를 빌려주고 배를 빌리는 일, 배와 배가 부딪치는 일이 해상법이 관할하는 분야다. 특히 유럽 지역에서는 이런 일들이 국제적인 성격을 띤다. 배 소유주와 화물 소유주, 화물을 부친 사람과 받는 사람, 배를 빌려주는 사람과 빌리는 사람, 충돌한 두 대의 선박 소유주 등이 각기 다른 나라 국민인 경우가 일반적이다. 그럴 때마다 각기 자기 나라의 법원에서 판결을 받아서 상대방 나라의 법원에서 확정 판결을 받으려고 하면 시간과 비용 때문에 비현실적이다.

그런데 그 직종에는 협회가 발달되어 있다. 협회는 동업을 하는 사람들끼리 만든 조직으로서 국가를 초월해서 운영이 되고 있었다. 협회에 소속된 회원들 사이의 분쟁은 그들의 국적과 상관없이 협회에서 지정한 사람이 내리는 판정으로 해결하기로 하는 합의가 생기고, 그 합의를 이행하지 않는 사람은 협회에서 제명시키거나 하는 등으로 징벌하는 제도가 회원들 사이에 만들어졌으며, 그 편리성 때문에 정착되었다. 그 지역에서는 그 협회에서 제명을 당한다는 것은 앞으로 그 업계에 종사할 수 없다는 것을 의미하기 때문에 회원들의 승복률이 높았고, 간혹 제명을 불사하고 협회의 판정 결과를 따르지 않는 사람은 협회에서 비용을 들여서 해당 회원이 소속한 나라의 법원을 통해서 자기들의 결정을 이행하는 절차를 밟기도 했을 것이다. 이런 일이 반복되면서 어떤 법원은 길게 심리할 것 없이 협회에서 판정을 내렸다고 하면 그대로 이행하라고 판결을 내렸을 수도 있다. 그런 관행이 점점 확대되어서 역내 국가들이 조약을 체결해서 거래 당사자들이 분쟁을 '민간재판' 또는 '사설재판', 즉 '중재'에 의해 해결하기로 합의를 했다면 법원은 그 합의를 존중하기로 정했을 것이다.

그런 조약에 따라, 그 조약에 서명한 나라에 소속한 당사자들이 계약을 체결할 때 '이 계약과 관련된 분쟁은 중재로 해결하기로 한다'라고 정해놓으면, 막상 분쟁이 발생했을 때 한 당사자가 해당 계약 조항을 무시하고 자기 나라의 법원에 분쟁을 해결해달라고 청구를 해도 다른 당사자가 '아닙니다. 우리 사이의 분쟁은 중재로 합의하기로 했습니다'라고 법원에 설명을 하면 법원은 해당 분쟁에 대해서 '너희끼리 중재로 해결하기로 했으니 우리 법원은 재판 관할권이 없다' 하고 손을 털고 일어서야 하는 것이다. 이것은 앞서 이야기한 국민의 재판받을 권리와 배치되는 것이라고 볼 수도 있지만 해당 국민이 '자의적으로' 자기의 권리를 유예했기 때문에 정당성을 가진다. 한편으로 국가는 해당 조약에 가맹했기 때문에 조약의 내용을 국내법과 마찬가지로 준수해야 하고 법률을 해석하는 역할을 하는 법원은 국제조약의 규정에 따라 중재합의가 있는 사안에 대해서는 재판권 행사를 거부해야 하는 것이다.

중재에 의해서 분쟁을 해결하기 위해서는 이처럼 법원이 재판관할권 행사를 거부할 뿐 아니라 중재에 의해서 내려진 결정에 대해서 국가가 집행을 보장해줘야 한다. 이 문제에 대해서도 국제조약이 역시 해결하는 방법이다. 국제조약에서 '이 조약에 가맹한 나라는 이 조약에 가맹한 나라에 속한 국민들끼리 중재 과정을 거쳐 얻은 판결을 법원의 판결과 마찬가지로 집행을 보장해준다'라고 정해두면 그 조약을 비준한 나라들에서는 중재 재판의 결과를 가지고 법원에 가서 '이 중재 판결을 확인하고 집행 명령을 내려주시오'라고 요청하면 법원은 해당 중재판결이 일정한 요건을 갖췄는지만 확인하고(중재판결로서 승인에 필요한 요건을 갖췄는지만 검토를 하지 그 판결이 올바른 것인지 잘못된 것인지에 대해서는 확인하지 않는다), 요건을 갖췄다고 확인이 되면 법원의 판결과 마찬가지의 효력을 갖도록 승인하고 집행 명령을 내린다. 이렇게 해서 '민간재판', '사설재판'인 중재가 국가권력의 뒷받침으로 사법부의 재판과 마찬가지의 효력을 갖게 되는 것이다.

이처럼 국제중재가 유럽에서 먼저 발달했는데, 국제무역이 전 세계를 무대로 확산되면서 국제연맹과 국제연합이 주도해서 전 세계적인 '중재의 승인 및 집행에 관한 조약'을 만들고 전 세계 100여 개국 이상의 나라가 그 조약에 참여함으로써 국제중재가 전 세계적 범위에서 활용되게 되었다.

한편으로 국내중재도 나라별로는 발달하게 되었는데 어떤 나라에서는 국내중재와 국제중재를 관할하는 법률이 다르기도 하고 어떤 나라에서는 두 가지의 중재를 모두 같은 법률로 규율하기도 한다. 이 책의 목적상 국내중재에 대해서는 설명을 생략한다.

이상으로 국제중재의 성립 배경과 작용 기제에 대해서 설명해봤다. 설명을 편하게 하느라고 사실관계의 정확성에 대해서는 별로 신경을 쓰지 않았다. 실제로 몽골이나 베트남의 법원이 3심을 허용하고 있는지 두 나라 사이에 사법판결에 대한 상호 인정을 하고 있는지, 유럽에서 중재가 발달하기 시작했는지 아닌지 등에 대해서 좀 더 정확한 사실을 알고 싶은 분은 별도의 자료를 통해서 확인해보시기 바란다. 거듭 말하거니와 이 책은 국제중재라는 분쟁해결 수단을 사용할 가능성이 있는 기업인을 위해서 쓴 것이다. 실제로 국제중재라는 도구를 사용하는 데 필요한 지식에 대해서만 정확성에 대해서 신경을 썼다.

위에 설명한 배경과 작용 기제를 가진 국제중재를 실제 상거래에 이용하기 위해서 알아야 할 것은 무엇일까? 첫째, 중재합의 조항을 어떻게 작성하는가, 둘째, 분쟁이 발생했을 때 어떻게 대처할 것인가, 이 두 가지가 전부가 아닌가 싶다. 이제부터 이 두 가지에 대해서 차례로 설명하겠다.

2

중재합의 조항의 작성

국제중재로 분쟁을 해결하기 위해서는 쌍방이 그렇게 하기로 합의를 해야 한다. 일방은 법원에서 재판으로 해결하자고 하고 다른 일방은 중재로 해결하자고 해서 서로 합의가 되지 않으면 법원의 재판으로 해결할 수밖에 없다. 법원의 판결을 받을 권리는 원천적이고 기본적인 권리로서 누구에게나 보장되어 있는 것이고, 쌍방이 합의를 통해서 이 권리를 포기 또는 유보하자고 할 때에만 법원의 개입이 포기되는 것이기 때문에 일방이 원한다고 해서 거기에 동의하지 않는 다른 일방의 재판을 받을 권리를 침해할 수는 없다.

법원의 재판관할권을 배제하는 중재합의가 되기 위한 요건은 무엇이 있을까? 법적 요건은 딱 하나다. 문서로 되어 있어야 한다는 것이다. 구두로 합의한 것은 나중에 그것을 확인하는 문서로 뒷받침되지 않는 한 효력을 갖지 못한다.

요즘 같은 전자메일 시대에 어디까지가 문서인지에 대한 판정이 쉽지 않다. 이메일로 교환한 것을 문서로 합의한 것이라고 봐야 하는가, 쌍방이 서명 날인해야 하는가 등의 문제가 발생한다. 그것에 대해서는 일괄적인 설명이 불가능하다. 중재를 진행할 국가의 법률과 중재판정을 집행할 국가의 법률이 어떻게 규정하고 있는가 하는 것이 영향을 미친다. 자세한 내용은 너무 분량이 많고 전문적이며, 기본적인 지식을 제공하는 이 책의 목적과 일치하지 않기 때문에 다루지 않는다. 일단 문서로 작성해서 양 당사자가 서명을 하면 확실하다는 것과, 그 반대로 중재로 해결하는 것을 원하지 않는 사람이 구두로 합의하는 것은 효력이 없다고 하니 이메일로 동의를 해주는 것은 괜찮겠지 하고 생각하면 안 된다는 것 두 가지만 기억해두는 것이 좋겠다.

중재합의문이 효력을 가지기 위해서 필요한 요건은 문서로 작성되어야 한다는 점 하나라고 이야기했지만, 그것은 최소 요건일 뿐이다. 즉, 필요조건일 뿐이다. 중재합의문에 '이 계약과 관련된 분쟁은 중재로 해결한다'라고 기록되어 있으면 이 최소 요건은 만족시킨다. 그러나 이것이 충분요건은 아니다. 이처럼 최소 요건만 갖춘 중재합의 조항은 실제로 문제가 발생해서 분쟁해결절차를 시작하게 되면 여러 가지 문제를 일으킨다. 그 문제들에는 중재를 진행하는 장소(중재지라고 일반적으로 부른다)를 어디로 할 것인가, 중재인(중재재판관)을 몇 명으로 할 것인가, 중재재판에 사용하는 언어는 어느 나라 말로 할 것인가, 중재재판을 진행하는 규칙은 어떻게 정할 것인가 등이 포함된다.

이런 것이 정해지지 않았다고 해서 중재합의문이 무효가 되지는 않는다. 무효가 된다면 차라리 더 나을 것이다. 법원에 가서 재판으로 해결하면 되니까. 그런데 중재합의가 있으니까 법원에서 재판으로 해결하려고 하면 상대방이 반대할 것이고 그러면 법원은 재판관할권이 없다고 판정을 할 것이니까 법원의 판결에 의한 해결도 불가능하다.

이 책을 읽을 때는 실감이 나지 않겠지만 실제로 중재합의 조항을 발동시켜서 분쟁을 해결할 상황을 한번 상정해보라. 분쟁이 생겼을 때 거래 쌍방이 '그래 좋다, 중재로 이견을 해소하자'고 합의하고 서로 협력해서 재판이든 중재든 진행하는 경우는 드물다. 대개의 경우 계약을 위반한 쪽이 있고, 계약 위반의 책임을 물으려고 하는 쪽이 있다. 계약을 위반한 쪽은 그대로 버티는 것이 좋으니까 재판이든 중재든 진행되지 않기를 원한다. 그래서 온갖 지연 전술을 다 쓴다. 상대방이 중재를 진행하자고 연락을 하면 대답을 하지 않고 묵살해버린다. 그러면 법원의 판결을 받자고 법원에 제소하면 법원에다가는 '중재합의 조항이 있으므로 법원의 재판관할권이 없다'고 이의를 제기해서 법원의 손을 묶어버린다. 그렇다고 중재판결이 필요한 쪽에서 일방적으로 중재재판관을 선임해서 혼자서 중재를 진행할 수는 없다. 그렇게 하면 상대방은 나중에 강제집행을 위해서 법원에 승인 및 집행 명령을 신청할 때 중재재판이 공정하게 진행되지 않았다며 중재판결 무효 청구를 제기한다. 분쟁의 한 당사자가 중재나 재판과정에 불참한다고 해당 재판이나 중재의 판결이 반드시 무효가 되는 것은 아니다. 참여할 기회가 충분히 주어졌는데도 당사자가 해당 재판이나 중재를 일방적으로 무시하고 불참했다면 한쪽 당사자만 참여해서 진행된 재판이나 중재에서 내린 판결도 집행될 가능성이 높다. 그런데 재판으로 진행할 때보다 중재로 진행할 경우에는 한쪽 당사자가 참여하지 않으면 나중에 승인 및 집행 과정에서 불공정을 이유로 무효가 되지 않기 위해 더 많은 주의가 필요하다. 가장 중요한 것은 불참한 당사자에게 참여할 수 있는 모든 기회를 제공했고, 중재재판 과정에서도 해당 당사자가 제기할 수 있는 주장에 대해서 충분히 검토하고 판정을 내렸다는 것을 자료로 남겨놓는 것이다.

여러 가지 요소 중에서 가장 중요한 것이 중재인 선정이다. 상대방이 아무런 반응을 하지 않는다고 하더라도 일방이 자기가 원하는 사람을 중재인으로 선정하면 나중에 불공정 재판이라는 도전을 넘어서기 어렵다. 그렇다고 해서 상대방이 중재과정에 참여하지 않는데 무작정 기다리거나 중재를 포기할 필요는 없다. 그럴 때 중재재판소 또는 중재지의 법원이 개입하는 것이다. 일단 중재인을 선임해서 중재재판부를 구성하는 일이 완료되고 나면 그다음부터는 중재재판부에서 맡아서 진행할 수 있다. 이처럼 중재를 진행하려고 하면 그 절차와 방식에 대한 어떤 근거가 있어야 하는데, 가장 좋은 것은 쌍방의 합의다. 쌍방의 합의가 없으면 무엇을 근거로 다음 순서를 진행해야 나중에 상대방이 이의를 제기해도 이겨낼 수 있을까 하는 것이 첫번째로 닥치는 과제다.

중재재판을 시작해서 진행을 하는 것도 작은 일이 아닌데, 그 재판의 틀을 짜는 일이 여기에 더해지면 시간과 비용의 면에서 당사자의 부담이 크게 늘어난다. 이런 경우에 해결하는 방법은 중재지와 중재인의 선정 등에 대해서 법원의 판결을 구하는 것이 바른 절차인데, 여기서 또 문제가 되는 것은 '어느 나라의 법원'에서 판결을 구해야 뒤탈이 없겠느냐 하는 것이다. 그것에 대해서는 책 한 권 분량의 설명이 필요하고, 그 분야의 전문 변호사들에게나 필요한 지식이므로 여기서는 다루지 않는다. 그런 문제가 생기지 않도록 하는 방법을 알고 이행을 하면 그런 지식은 필요가 없기 때문에도 다루지 않는다. 그런 문제가 생기지 않도록 하기 위해서, 즉 분쟁을 중재재판으로 해결하는 데 필요한 모든 요소를 포함하는 합의서는 다음 요건을 갖춰야 한다.

첫째, 문서로 작성해서 쌍방이 서명한다.

둘째, 중재지, 즉 중재재판을 진행할 곳을 명시한다.

셋째, 중재인의 수를 정해둔다.

넷째, 중재재판을 관장하는 규칙을 지정한다.

다섯째, 중재재판에서 사용할 언어를 지정한다.

여섯째, 중재재판관이 준수할 윤리규정을 지정한다.

1) 중재합의 조항의 문서 작성

첫째 요소인 문서로 작성한다는 것에 대해서는 위에서 설명했으므로 반복하지 않겠다.

2) 중재지 명시

둘째 요소는 중재재판을 진행할 곳을 지정한다는 것이다. 이것은 매우 중요하다. 문서로 작성하는 것 다음으로 중요한 요소다. 중재재판을 진행하는 곳을 편의상 중재지라고 많이들 부른다. 중재지는 실제로 재판을 하는 장소로서 중요할 뿐 아니라 중재지의 중재법과 중재지의 법원이 해당 중재재판을 관할하기 때문에 중요한 것이다. 예를 들어 중재인의 지명에 대해서 쌍방이 사전이나 사후에 합의하지 못하는 경우에는 중재지의 법원이 중재인의 지명을 할 권한을 가진다. 중재판결에 대해서 이의가 있는 당사자가 이의 제기를 할 수 있는 것도 중재지의 법원이다. 중재재판에 적용되는 법규는 양 당사자의 거주국이나 분쟁이 발생한 나라의 법규가 아니라 중재지로 지정된 나라의 중재법이다.

　실제 중재재판의 진행은 다른 곳에서 하더라도 문제가 되지 않는다. 예를 들어 한국과 베트남 기업 사이의 분쟁을 중재로 해결하기로 하고 중재지를 런던으로 정해둘 경우에 영국법원이 중재인의 선정과 중재판결에 대한 이의 제기에 대한 판단 권한이 있고 영국의 중재법이 중재재판에 적용된다. 한편으로 양 당사자가 합의하고 중재인들이 동의를 하면 중재재판을 실제로 진행하는 곳은 거리도 멀고 물가도 비싼 런던 말고 가까운 홍콩이나 싱가포르, 심지어는 서울이나 호치민 시라도 괜찮다. 단, 중재인들이 중재판결문에 서명을 하는 곳은 런던이라야 한다. 실제 재판 경험이 없는 분들은 무슨 소리인지 잘 이해가 되지 않을 것이다. 중재재판을 한 곳에서 중재판결문을 쓰고 그 자리에서 서명을 하게 될 것인데, 중재재판을 서울에서 하고 판결문에 서명을 하러 런던까지 모두 날아가야 한다면 얼마나 불편한가 하는 의문을 가질 수 있다. 실제 재판에서 중재판결문은 재판이 끝나고 한참 뒤에 작성된다. 판결문 작성을 맡은 중재인은 대개 한국이나 베트남 사람이 아닌 제3국 사람이다. 중재재판이 끝나고 중재인은 자기 나라에 있는 사무실로 돌아가서 재판기록을 검토하며 판결문을 준비한다. 이 기간은 몇 주 또는 몇 달이 걸리기도 한다. 이렇게 판결문을 작성하는 과정에서 중재인이 세 명인 경우에는 별도로 자기들끼리 모임을 갖고 판결 방향에 대해서 의논을 하기도 한다. 그렇게 해서 합의가 된 판결문이 완성이 되면 중재인이 서명을 하게 되는데 이때 중재인이 한 명일 경우에는 그 한 명이, 중재인이 세 명일 경우에는 그 세 명이 모두 중재지로 지정된 런던에 가서 서명을 해야 한다. 참 이상한 규정인 것 같지만 그것이 법이다. 중재판결문이 서명된 곳의 중재법이 중재판결문에 적용된다.

중재인을 선정해서 중재재판부를 구성하는 과정은 순탄하지 않다. 앞서 이야기했듯이 한쪽은 중재를 빨리 진행하려고 하고 다른 쪽은 될 수 있으면 중재든 재판이든 진행이 되는 것을 지체시키고 방해하려고 한다. 이럴 때 중재인 지정 등 가장 중요한 요소에 대한 이견을 해결해주는 장치가 없으면 중재재판은 표류하게 된다. 그렇다고 중재합의가 없는 것은 아니니까 중재를 포기하고 법원의 판결로 대체할 수도 없다. 잘못된 중재합의문 때문에 중재판정도, 법원의 재판에 의한 해결도 하지 못해서 피해보상을 받을 길이 막연해지는 일이 생긴다. 그런 결과를 초래할 가능성이 가장 큰 요소는 바로 중재지를 선정하지 않는 것이다. 중재지 지정이 중재합의문에서는 대단히 중요한 요소다.

중재지는 소재한 국가의 중재법이 국제기준에 맞도록 잘 정비되어 있고 법원의 판결이 공정하고 신뢰할 수 있는 곳으로 정하는 것이 바람직하다.

중재지 지정에서 또 고려할 사항은 그 도시가 실제로 접근 가능하고 중재를 진행할 수 있는 기반이 잘 갖춰져 있는 곳인가 하는 점이다. 앞에서 지정된 중재지와 실제로 중재재판을 진행하는 곳이 반드시 동일하지는 않아도 된다고 이야기했지만 대부분의 중재재판은 중재지로 지정된 곳에서 진행이 되고, 또 중재판결문 서명은 반드시 중재지로 지정된 곳에서 행해져야 한다. 그런데 지정된 중재지에 중재인이나 재판당사자들이 입국하기 어렵거나(중재인의 비자를 승인하지 않는 경우도 있고 해당 도시에 전쟁이 일어나서 자국민도 피난을 나오는 상황에 처한 경우도 있다), 중재지에 중재재판을 진행할 만한 시설이 마땅하지 않을 경우에도 문제가 된다. 그래서 몇 개의 도시로 국제중재가 몰린다. 유럽에서는 런던, 파리, 제네바 등이고, 아시아에서는 싱가포르나 홍콩이다. 대한상사중재원에서는 서울을 국제중재의 중심으로 발전시키기 위해서 노력을 많이 하고 있지만 한국의 중재법이 국제적 기준법과 상이하고 국제도시로서 인식이 낮아서 큰 성과를 거두고 있지 못하다. 그렇지만 한국 기업체는 자신이 '갑'의 입장에서 계약을 체결할 때 중재지를 '서울'로 지정하도록 노력을 할 필요는 있다. 안 되면 중립적인 지역으로 가면 되는 것이고, 시도를 해보는 것으로 손해 볼 일은 없으니까. 사족을 달면 한국인들은 비즈니스 협상에서 너무 수줍다. 상대가 받아들이지 않을 것 같은 요구사항은 아예 제시할 생각을 하지 않는다. 거절당하는 데 대한 공포와 상대방의 기분을 건드려서 아예 협상이 깨지지 않을까 하는 염려가 크기 때문이다. 그러나 우리보다 상거래로 먹고 산 역사가 오래된 중국이나 인도 또는 아랍지역 사람들은 망설임이 없다. 일단 자기에게 가장 유리한 조건을 내어놓고 거기서부터 시작한다. 자기 조건을 하나씩 양보할 때마다 상대방의 양보도 하나씩 받아가면서. 이처럼 자기에게 가장 유리한 조건을 갖고 협상을 시작하는 사람과 중립적인 조건을 갖고 협상을 시작하는 사람이 계약을 하면 결국 어떻게 되겠는가? 산술적으로 계산을 해도 처음부터 강하게 나온 쪽 편에 유리하게 계약 조건이 결정될 것이다.

이야기가 잠깐 옆길로 흘렀는데, 요약해보자. 중재지 지정은 중재합의 또는 중재조항에서 제일 중요한 부분인데, 내게 가장 편한 곳으로 지정하도록 노력을 하고 안 되면 중립적인 곳으로 정하는 것으로 합의를 해주되, 국제중재법이 잘 정비되어 있고 신뢰할 수 있는 사법체계를 갖추고 있으며 접근과 체류가 용이

한 곳으로 정하는 것이 좋다.

3) 중재인의 수

셋째 요소는 중재인의 인원수다. 중재인의 수는 미리 지정해두는 것이 좋을 수도 있고, 나쁠 수도 있다. 그래서 국제중재재판소를 통해서 중재를 진행하기로 하는 경우에는 해당 중재재판소의 규정과 판단에 따라 중재인의 수를 정하도록 위임하기도 한다.

통상 중재인은 한 명 또는 세 명으로 한다. 홀수가 되어야 하는 이유는 다시 설명이 필요 없을 것이다. 한 명으로 할 경우에는 그 사람을 지정하는 장치를 중재합의문에 정해둬야 한다.

쌍방이 합의해서 정한다고 정해두면 안 된다. 계약을 체결할 때는 모든 사항에 대해서 쌍방이 합의에 도달할 수 있지만, 분쟁이 발생했을 때에는 어떤 사안에 대해서도 쌍방의 합의는 불가능하다. 그래서 쌍방의 의사와 상관없이 중재인을 지정하는 장치를 마련해둬야 한다. 국제상공회의소 의장에게 지명을 의뢰하기도 하고, 특정 업종에서는 해당 업종의 협회 회장에게 지명권을 주기도 한다. 국제중재재판소를 통해서 할 경우에는 해당 중재재판소의 규정에 따라서 중재재판소의 의장이나 사무총장이 지명을 하도록 되어 있는 경우가 많다. 중재합의문에 이런 장치가 마련되어 있지 않은 경우에는 중재지의 법원에 지명을 요청하게 된다.

중재인이 세 명일 경우에는 각 당사자들이 한 명씩 지정하고 지정된 중재인들이 합의를 통해서 제3의 중재인을 지명한다. 이때 제3의 중재인이 재판장이 된다. 실제로는 이 제3의 중재인의 의견이 어느 쪽으로 기우는가에 따라 결론이 내려진다. 그런 면에서 보면 중재인을 세 명으로 하더라도 결국 문제가 되는 것은 제3의 중재인의 판정이다. 각 당사자가 지명한 중재인이 자기를 지명한 당사자에게 불리한 판정을 내리는 것은 상상하기 어렵기 때문이다. 어차피 한 명의 판단이 중재의 결론을 내리는 것이라면 중재인을 세 명 지명하는 게 무슨 이익이 있겠는가 하는 것이 필자의 의견이다. 국제중재전문가들은 여러 가지 이유를 대고 있지만 그 전문가들은 거의 모두가 국제중재에서 중재인으로 활약하는 사람들이기 때문에 자신과 동료들의 사업기회를 늘리는 차원에서 세 명의 중재인을 지명하는 것에 대해서 문제제기를 삼가는 것이 아닌가 하는 생각도 든다. 그런 차원에서 국제중재 조항의 효력에 대해서 중재재판부에서 결론을 내릴 수 있도록 되어 있는 지금의 국제표준 중재법도 문제가 있다. 중재조항이 무효라고 하면 중재재판부는 더는 할 일이 없어진다. 그렇기 때문에 중재재판부에서는 자기들이 중재인으로 선임된 사건이 관련된 계약서의 효력에 대해서 무효라고 판정을 내리는 경우가 거의 없다. 이것은 국제중재 분야에서 가장 권위 있는 텍스트로 간주되는 레드펀(Redfern)의 책에도 그렇게 나와 있다. 다만 그 책에서는 중재인들이 자기들의 일감이 없어질까 봐 그렇게 한다고 하지는 않고 국제중재라는 제도에 대한 존중에서 그렇게 한다고 쓰고 있기는 하다.

중재인이 많아지면 그에 따라 시간과 비용이 늘어난다. 그러나 그만큼 결과의 정확성이나 공정성이 더 높아진다고 보기 어렵다면, 국영기업체나 국가가 관여된 수백억 달러 프로젝트라면 모르지만 거래액수가 몇 백만, 몇 천만 달러 정도인 계약에서는 중재인을 한 명으로 하는 것이 현실적이지 않나 하는 생각이다. 실제로 필자가 다루었던 사건 중 하나에서는 배상금 청구액이 기껏해야 50만 달러 정도였는데, 해당 사건의 계약서는 해당 계약과 관련된 분쟁은 싱가포르에서 세 명의 중재인으로 구성된 ICC 중재재판으로 해결한다고 규정되어 있었다. 계약을 위반한 상대방은 대만의 기업체고 필자의 의뢰인은 대한민국 기업체였다. 비용을 계산해보니 변호사 비용까지 합쳐서 50만 달러를 넘으면 넘었지 그보다 적게 들지는 않게 생겼다. 상대방은 계약 위반을 했고, 줄 돈을 안 주고 버티는 상황이었기 때문에 중재재판에 협력할 가능성이 없었다. 그래서 필자의 의뢰인이 50만 달러의 비용을 모두 들여서 중재재판을 진행해야 했다. 그리고 대만법원은 대만에서 진행된 중재재판을 인정해주는 나라에서 진행된 중재재판의 결과만 승인하고 집행해준다는 자료가 있었다. 그리고 싱가포르는 거기에 해당되지 않는다는 자료도 있었다. 실제로 추진을 한다면 더욱 자세하게 알아볼 필요가 있었지만 그 상황에서 필자가 드린 조언은 중재로 해결할 생각을 하지 말고 상업적인 유인책으로 이행을 유도하는 것이 낫겠다는 것이었다. 대만과의 거래에서 중재지를 싱가포르로 정해둔 것도 문제지만 무엇보다도 중재인을 세 명으로 못 박아둔 것이 결과적으로는 의뢰인에게 족쇄로 작용한 것이었다. 더욱 안타까운 것은 그 계약을 체결할 당시 의뢰인은 갑의 입장이었고, 계약서 문안도 의뢰인이 선임한 미국변호사가 작성해준 것이었다. 그 변호사가 중재의 실제를 알지 못했기에 그 나름대로는 가장 좋은 문안이라고 생각하고 채택한 중재조항이 오히려 자기의 고객에게 불이익을 안겨준 것이다. 중재인이

한 명으로 되어 있었거나 중재인 수를 지정하지 않기만 했더라도 한번 해볼 만한 사건이었다. ICC와 협의해서 싱가포르에서의 중재판정 결과를 대만법원에서 승인해주는지 여부를 먼저 확인하고 만약 아니라면 중재지를 홍콩이나 아니면 아예 대만으로 옮기고 ICC에서 선임한 제3국 출신 중재인으로 중재재판을 진행하게 해서 원하는 판정을 받아낼 수 있었을 것이다. 중재재판지를 대만으로 한다고 해서 중재판정이 대만에 있는 당사자에게 유리하게 날 것은 아니고 중재재판을 진행하는 데 따른 불편의 면에서 한국 기업이 대만의 기업보다 손해를 보겠지만 대만 아닌 홍콩이나 싱가포르에서 중재재판을 진행한다고 하더라도 그 불편을 겪을 수밖에 없는 것이었으니 대만의 상대방이 불편을 겪지 않는 점이 배가 아프더라도 결과적으로 손해배상을 확실히 받을 수 있다면 그 정도 속상함이야 참아 줄 수 있지 않겠는가.

요약해보자. 중재인은 한 명 또는 세 명으로 선임할 수 있는데 수가 많아지면 비용이 늘어나고 시간이 오래 걸리는 것은 분명하다. 하지만 늘어난 비용이나 시간만큼 정확하고 공정한 판정을 내릴 가능성이 늘어난다는 보장은 없다. 그렇다면 아예 중재인을 한 명으로 못 박거나 사안에 따라 중재재판소에서 적절한 중재인의 수를 결정할 수 있도록 미정으로 남겨두는 것도 나쁘지 않을 것이다.

4) 중재재판의 관장 규칙

넷째, 중재재판을 관장할 규칙을 지정한다. 중재재판을 진행하는 방법에는 임의중재와 기관중재 두 가지가 있다. 임의중재는 'ad hoc arbitration'이라고 영어로 표현하는데 어떤 이는 이것을 '임시중재'라고 번역하기도 한다. 필자의 생각에는 그렇게 번역하는 것은 잘못이다. '임시중재'라고 하면 '정상중재'가 되기 전까지 임시로 하는 것이라는 인상을 주는데, 'ad hoc arbitration'은 중재의 전 과정을 모두 'ad hoc'로 진행한다.

기관중재를 먼저 설명하는 것이 'ad hoc arbitration'을 설명하기도 쉽겠다. 기관중재라는 것은 국제중재업무를 대행해주는 국제중재재판소에게 중재의 과정을 위탁하는 것을 말한다. 이해를 돕기 위해서 국내재판의 경우를 생각해보자. 국내 기업들 간의 민사소송을 진행하려면 고소인이 지방법원에 고소장을 제출할 것이다. 어느 지방법원에 제출할 것인가에 대해서는 법에 정해진 규정이 있다. 고소인과 피고소인이 모두 서울에 사무실을 두고 있고 분쟁이 발생한 사건이 진행된 곳이 서울이라면 고소장은 서울에 있는 지방법원에 제출하게 된다. 서울중앙지법이나 남부지방법원이냐에 대해서는 정해진 규정이 있어거기에 따라야 한다. 고소인이 자기 친구가 서울 북부지방법원의 부장판사로 있다고 해서 그곳과 연고가 없는 사건을 그곳에접수시킬 수는 없다. 일단 고소가 접수되면 법원에서는 피고소인에게 고소장을 송달하고 양 당사자에게 준비사항을 적은 안내문과 재판기일을 알려준다. 그리고 해당 재판부를 지정하고판사에게 관련 기록을 전달해준다. 재판의 진행에 필요한 업무를 감당해주는 곳이 법원이다.

　법원에서 하는 일은 해당 법원에 소속된 판사가 하는 재판과그 재판과 관련된 행정업무 두 가지가 있다. 중재도 마찬가지다. 중재인이 양 당사자가 낸 증거자료와 변론을 듣고 판결을내리는 일이 중재재판이 있고 그 재판이 일어나도록 준비하고진행하는 행정업무가 있다. 이 행정업무를 맡아서 해주는 곳이세계 각 곳에 있는 중재재판소다. 이런 중재재판소에게 행정업무를 맡기는 것을 기관중재라고 하고, 이런 중재재판소를 통하지 않고 당사자들이나 중재인들이 직접 행정업무를 담당하는것을 'ad hoc arbitration'이라고 한다. 그러므로 'ad hoc'를 임시중재라고 부르는 것은 부적절하고 '임의중재'라고 부르는 것이 맞는 것이다.

중재재판을 대행해주는 중재재판소는 전 세계에 수십 개가 있다. 백 개가 넘을지도 모른다. 이 중 어느 중재재판소를 지정하느냐 하는 것은 전적으로 당사자들의 선택이다. 국내재판에서 관할법원은 당사자들의 선택이 아니라 법률의 규정에 따라서 정해진다. 그러나 국제중재에서는 국제중재재판소를 정하는 데 당사자들의 선택을 제한하는 규정은 아무 것도 없다. 국내법원은 헌법과 법률에 의해서 설립된 국가기관의 하나인데 비해 국제중재재판소는 예외 없이 모두가 민간기관이다. 일종의 용역회사라고 보면 된다. 청소용역회사가 청소할 사람들을 계약을 체결해서 확보해두고 광고와 홍보를 통해서 건물이나 주택의 소유자의 의뢰를 받아서 청소를 대행해준다. 이 과정에서 청소대행회사는 청소할 사람들과 청소가 필요한 건물주를 연결해주는 역할을 한다. 건물을 가지고 있는 건물주가 이용할 수 있는 청소용역회사는 여러 개가 있다. 건물주는 광고를 보거나 추천을 받아서 그중 하나를 선택해서 청소를 맡길 것이다. 일을 맡길 때 검토하는 사항은 비용과 소요시간, 그리고 서비스의 수준이 될 것이다. 청소용역회사는 주문을 많이 받아야 하고 주문을 많이 받으려면 값싸고 신속하고 높은 품질의 서비스를 제공해야 하고, 홍보를 열심히 해야 한다는 것을 안다. 그렇지만 청소용역회사가 직접 청소를 하지는 않는다. 그 회사의 직원은 홍보를 하고 계약을 체결하고 주문을 받고 품질관리를 하는 일을 할 뿐이다. 실제 청소를 하는 것은 그 용역회사와 계약을 체결한 청소부들이다. 국제중재재판소도 마찬가지다. 국제중재재판소 직원이나 임원은 직접 중재재판을 하지 않는다. 각 중재재판소는 자기 재판소에 등록한 중재인들의 명부를 비치해놓고 중재재판신청이 들어오면 당사자들에게 자기들이 갖고 있는 중재인 명부를 제공한다. 그중에서 당사자들이 지정한 중재인이 있으면 그 중재인에게 중재재판을 진행하도록 의뢰를 한다. 당사자들이 합의를 하지 않을 경우에 중재재판소의 장이나 사무국장이 중재인을 지명하도록 되어 있지만, 이 경우에도 나중에 패소한 쪽으로부터 객관성과 독립성을 갖추지 못한 중재인이라는 도전을 받지 않도록 절차와 내용에서 신경을 쓴다.

국제중재재판소가 여러 명의 중재인을 자기들의 명부에 등재해놓고 있는 것과 마찬가지로 유능한 중재인들은 여러 개의 국제중재재판소의 중재인 명부에 이름을 올려놓고 있다. ICC, LCIA, SIAC에 모두 이름을 올려놓은 중재인도 있다. 갑과 을이

ICC 중재를 하든 LCIA 중재를 하든, 아니면 SIAC 중재를 하든 중재인은 똑같은 사람이 될 수 있는 것이다. 해당 재판소의 중재인 명부에 등재된 중재인뿐 아니라 그 명부에 없는 사람을 중재인으로 하겠다고 하더라도 분쟁의 양 당사자가 합의해서 요구하면 해당 중재재판소는 그 요구에 따른다.

한편으로 국제중재재판소는 자기네 재판소를 이용하는 고객이 많으면 많을수록 좋다. 그래야 매출이 올라가고 영향력도 커지기 때문이다. 그래서 국제중재를 많이 이용할 것 같은 나라를 돌아다니며 컨퍼런스라는 이름으로 프로모션도 하고, 그런 나라에서 국제중재사건을 많이 다룰 것 같은 로펌의 변호사를 자기네 운영위원이나 이사 등으로 위촉하기도 한다. 우리나라 기업이 관계된 국제중재사건이 지난 10년 사이에 부쩍 늘어났다. 이에 따라 그런 기업들을 대리한 우리나라 로펌들이 국제중재 분야에서 관심을 끌게 되었다. 그 결과로 ICC나 LCIA 또는 SIAC 같은 국제중재재판소에서 한국 로펌의 변호사들을 이사로 모시고 한국에 와서 컨퍼런스를 하는 등의 일이 일어났다. 그 바탕에는 한국 기업들이 관계된 국제중재사건을 자기 재판소로 유치하려는 의도가 깔려 있다.

전 세계의 백 개가 넘는 중재재판소 중에서 어느 중재재판소를 내가 체결하는 계약의 중재재판을 진행할 기구로 선정할 것인가 하는 것을 결정해야 하는 문제는 시중에 나와 있는 수많은 종류의 디지털카메라 중에서 어느 것을 살 것이냐 하는 문제와 그 성격에서 거의 비슷하다.

내용을 잘 아는 국제거래기업이나 국제변호사의 경우에는 계약의 성격과 내용, 금액 등을 바탕으로 가장 적절한 국제중재재판소를 선택할 것이다. 먼저 중재재판소의 관리능력을 볼 것이다. 그리고 중재재판소마다 조금씩 다른 중재재판 진행규칙도 감안할 사항 중의 하나다. 중재인의 보수 산정 방식도 다른 곳과 다른 중재재판소도 있다. 예를 들어 런던에 본부를 둔 LCIA는 중재인의 보수는 해당 중재인의 시간당 요율에 실제 소요 시간을 곱하는 전통적인 영국식 변호사 수임료 산정방식을 고집하는 데 비해 파리에 본부를 두고 있어서 대륙법의 토양 위에서 움직이는 ICC 국제중재재판소는 소송가액과 중재인의 수에 따라 중재인의 비용이 결정되도록 하는 기준을 정해놓고 있다.

한편으로 계약당사자들의 국적이나 사업이 진행되는 장소 또는 중재지로 지정된 곳 등은 중재재판소의 선정과는 아무런 상관이 없다. 런던에서 진행되는 사업과 관련된 중재를 파리에 본부를 둔 ICC 중재재판소에 의뢰하거나 파리의 사업과 관련된 중재재판소로 런던의 LCIA를 지정하거나 해도 아무런 문제가 없다는 것이다.

그럼에도 계약당사자들이나 사업이행의 지리적 위치를 중재재판소 선정에서 많이 고려하는 것이 현실이다. 위에서 설명한 내용을 잘 알지 못하고 국제계약서를 작성하는 사람들이 절대적으로 많기 때문에 그런 것 같다. 그런 현실을 파악한 ICC나 LCIA 또는 AAA 등에서는 요즘 국제중재의 수요가 늘어나는 아시아의 중요 도시에 지점을 개설해서 더 많은 사건 유치를 위해서 노력하고 있다.

이처럼 국제중재재판소라고 하는 곳이 민간기구이고, 철저하게 소비자들의 선택에 따라 재판관할권을 가지는 곳이라는 것을 알게 되면 각 국제중재재판소의 특성에 대한 지식이 필요하겠다는 것을 이해하게 된다. 이 책에서는 부록으로 각 국제중재재판소별 특성과 해당 중재재판소를 이용하려고 할 경우에 사용하도록 각 중재재판소가 추천하는 표준 중재조항을 첨부해두었다.

전 세계 어느 중재재판소를 이용하더라도 중재판정의 효력에는 차이가 없는 것과 마찬가지로 중재재판소를 이용하지 않고 진행한 중재판정도 똑같은 효력을 가진다. 중재재판소를 이용하느냐 마느냐는 편의성에서 차이가 날 뿐이지 결과물의 효력에서는 차이가 없는 것이다. 중재재판소를 이용하지 않고 당사자들과 중재인들이 중재의 전 과정을 모두 진행하는 중재재판을 위에서 말한 대로 'ad hoc arbitration'이라고 부르고 필자는 '임의중재'라고 번역했다.

임의중재에서는 당사자들의 의사 반영 범위가 더 크다. 그런 만큼 중재가 지연되거나 무산될 위험성도 더 크다. 중재지도, 중재인 선정기준도, 적용할 중재규칙도 정해두지 않는 중재합의문이나 중재조항은 분쟁이 발생했을 때 정말 골칫거리다. 차라리 없으면 법원에 소송을 제기하면 되겠건만 중재로 해결한다는 합의가 있으니까 그렇게 하지도 못한다. 그러므로 임의중재로 진행할 의도로 중재조항을 작성할 경우에는 적어도 다음 세 가지는 확실하게 사전에 적어두는 것이 좋다. 첫째, 중재진행규칙, 둘째, 중재인 지명 방법, 셋째, 중재지. 이 세 가지는 중재를 진행하기 위해서 꼭 필요한 요소이다. 이 중 하나도 없으면 법원의 지정을 요청해야 한다. 이때 어느 나라 법원에 요청할 수 있는가, 즉 어느 나라 법원이 재판관할권이 있는가는 위에 설명한 대로 아주 복잡한 문제다. 어느 법원이 재판관할권이 있느냐 여부를 놓고 진행되는 소송에 시간과 비용이 만만치 않게 들어간다. 심지어는 두 나라의 법원에서 모두 자기들이 재판관할권이 있다고 판정하고 각기 중재인과 중재규칙을 지정할 수도 있다. 그렇게 되면 아주 골치가 아프다. 그런 사태를 피하기 위해서는 위 세 가지에 대해서, 적어도 하나라도 미리 중재합의문 또는 계약서의 중재조항에 명시해둘 필요가 있다.

임의중재로 진행할 경우에 중재재판에 적용할 진행 규칙을 어느 것으로 정해야 한다는 제한은 없다. 그러나 유엔이 제정한 'UNCITRAL RULES'를 채택하는 것이 제일 무난하다.

유엔의 국제상거래법위원회(United Nations Commission on International Trade Law)에서 1976년에 제정한 'UNCITRAL Arbitration Rules'는 임의중재와 기관중재에서 모두 사용되는 것을 목적으로 만들어졌다. 하지만 대부분의 국제중재재판소는 자기들 나름대로의 중재규칙을 만들어놓고 있으므로 UNCITRAL RULES는 임의중재에서 주로 사용된다. 한편으로 대부분의 국제중재재판소 중재규칙은 UNCITRAL RULES와 크게 다르지 않다. 이 규칙들은 영미법의 민사소송절차법을 바탕으로 하고 있어 영미법 법정에서 소송경험이 있는 변호사들에게는 별도의 학습 없이도 쉽게 이해하고 적용할 수 있는 이점이 있다. 그래서 국제중재 분야에서 영국변호사들이 많이 활약하고 있는 것 같다. 이 'Rules'의 내용은 실제로 중재소송을 진행하는 변호사에게나 필요한 것으로, 기업인이나 계약서 작성을 본업으로 하는 변호사가 실무에서 필요할 것 같지 않아서 이 책에는 수록하지 않는다. 혹시 여가 활용이나 영어공부 삼아서 읽어볼 분은 UNCITRAL의 홈페이지에 들어가면 바로 다운로드를 받을 수 있다. UNCITRAL은 본 규칙에 대해서 저작권을 주장하지 않으므로 누구든지 무료로 다운받아서 복사 활용해도 된다. 구글에 들어가서 UNCITRAL Arbitration Rules를 치면 맨 위에 UNCITRAL의 웹 사이트 중에서 1976 – UNCITRAL Arbitration Rules 페이지가 뜨고 그중에 Text를 클릭하면 곧바로 아크로밧 파일로 되어 있는 Arbitration Rules로 연결된다. 지금 이 글을 쓰면서 다시 검색을 해보니 UNCITRAL에서는 2010년도 개정판 Arbitration Rules를 사전예고하고 있다. 앞으로는 1976년 판 규칙을 사용할 것인지 2010년 개정판을 사용할 것인지를 정해두는 것도 필요하겠다. 만약 거기에 대한 명시가 없으면 가장 최신판이 사용되는 것이 법률적용의 원칙이다.

5) 중재재판의 언어

국제중재재판은 여러 나라의 사람들이 의사소통 과정을 거쳐서 하나의 결론을 도출하는 과정이다. 사람들은 언어를 매개로 의사를 소통한다. 의사를 소통해야 하는 사람들의 모국어가 다를 경우에는 어떤 언어로 대화할 것인지가 문제가 된다. 국가정상회담이 아닌 한 각자가 자기 말로 하면서 각자 대동한 통역을 통해서 상대방에게 의사전달을 할 수는 없다. 모든 참석자가 공동으로 사용할 하나 또는 두 개의 언어를 지정해야 한다.

국제중재재판에 참여하는 사람들은 언어적 배경이 서로 다를 수 있다. 소송의 양 당사자가 사용하는 언어가 다르고 중재재판관으로 지정된 사람(들)의 모국어가 또 다르다. 세 명의 중재재판관과 양 당사자 모두 다른 나라 출신이라면 다섯 가지 다른 언어적 배경을 가진 사람들이 한 자리에 모여서 재판을 진행해야 한다. 이때 사용하는 언어는 무엇으로 해야 하겠는가?

영어가 국제적으로, 또 비즈니스 과정에서 가장 많이 사용되는 언어라고 해서 국제중재재판에서 사용되는 언어는 당연히 영어이겠거니 생각할 수도 있다. 그러나 사실은 그렇지 않다. 짧게 이야기하면 국제중재에서 사용되는 언어는 첫째, 당사자들이 합의한 언어가 있는 경우에는 그 합의된 언어로, 둘째, 당사자들의 합의가 없는 경우에는 중재재판부에서 지정하는 언어로 진행한다. 중재재판부는 당사자들이 체결한 계약서에 사용된 언어, 계약을 수행하는 과정에서 사용된 언어, 그리고 증거서류에 사용된 언어 등을 감안해서 중재재판에 사용할 언어를 지정한다.

중재재판부가 지정하는 언어가 양 당사자들이 모두 만족스러운 것이 아닐 수도 있다. 한국 기업과 영국 기업 사이의 중재재판인데 중재재판의 언어가 영어로 지정된다면 당연히 영국 기업이 편하고 유리한 고지에 선다. 한국 기업이 계약을 체결할 당시에 계약조건을 강제할 수 있는 위치에 있다면 계약서의 중재조항에 사용할 언어를 한국어로 지정해두는 것으로 이런 상황을 예방할 수 있다. 하지만 그렇게 계약을 체결하는 한국 기업은 별로 많지 않은 것 같다.

한편으로 중국국제중재재판소는 당사자들이 별도로 지정한 언어가 없는 경우에는 중국어를 중재재판의 언어로 한다고 동재판소의 중재재판규칙에 정해두고 있어서, 그 내용을 모르고 중국 중재재판소를 지정한 외국 기업들은 뒤늦게 중국어로 증거서류를 번역하고 중국어 통역을 통해서 증언을 하고 중국어를 사용하는 변호인을 선임해서 중재소송을 진행해야 하는 곤란을 겪어야 한다.

그렇게 심한 경우는 아니더라도 중재재판부가 중재재판에 사용할 언어를 결정하는 과정이나 결과가 만족스럽지 않을 가능성이 있다. 그러므로 계약서를 작성하는 단계에서 중재재판에 사용할 언어를 자국어로 지정하는 노력을 해보고 그것이 곤란한 경우에 최소한 중립적인 언어를 지정하는 작업을 잊지 말아야 한다.

6) 중재재판관의 윤리규정

중재재판관들이 편파적으로 행동하거나 부당한 방식으로 재판을 진행하는 것은 바람직하지 않다. 그렇게 하는 것을 금하는 윤리규정이 있는데 하나는 국제변호사협회에서 정한 것이고, 다른 하나는 미국국제중재협의회에서 정한 것이다. 두 개의 윤리규정은 전반적으로 비슷하지만 아주 중요한 차이점이 하나 있다. 국제변호사협회에서 정한 윤리규정은 중재재판관이 세 명일 때 각 당사자들이 지정한 중재재판관들도 중립적인 입장을 취하도록 요구한다. 미국국제중재협회에서는 그런 요구가 비현실적이라는 판단 아래, 당사자가 지명한 중재인이 자기를 지명한 쪽의 입장을 대변하는 것을 어느 정도 허용하고 있다.

이 윤리규정을 위반하는 경우에 그것을 근거로 판결을 무효화시키려면 중재조항에 "중재조항은 ○○○에서 정한 윤리규정에 따라 중재재판을 진행해야 한다"는 조항을 넣어두어야 한다. 이 조항을 영문으로 기록한 것은 다음과 같다.

▶ 국제변호사협회(International Bar Association)에서 정한 윤리규정을 적용하려고 할 때 사용하는 문구

"The parties agree that the rules of Ethics for International Arbitrators established by the International Bar Association, in force at the date of commencement of any arbitration under this clause, shall be applicable to the arbitrators appointed in respect of such arbitration."

▶ 미국중재협회(American Arbitration Association)에서 정한 윤리규정을 적용하려고 할 때 사용하는 문구

"The parties agree that the rules of Ethics for International Arbitrators established by the American Arbitration Association, in force at the date of commencement of any arbitration under this clause, shall be applicable to the arbitrators appointed in respect of such arbitration."

3

중재재판의 진행

국제중재재판을 실제로 진행하는 것은 매우 번거로운 일이다. 다시 법원을 통한 소송과 비교를 해보자.

법원에 소장을 제출하면 법원에서 그 이후에 진행된 절차에 대한 안내문을 소장을 제출한 당사자에게 교부해준다. 이 안내문에서는 다음 재판 날짜와 장소가 기록되어 있다. 법원행정처는 소장 사본을 상대방에게 전달하고, 판사를 지정하고, 재판을 진행할 법정을 예약해둔다. 또 판사에게 소장을 전달해주고 법원서기를 지정해준다. 소송을 제기한 당사자는 법원에서 정해준 일시에 지정된 장소로 출두하면 된다. 국제중재재판소를 이용하는 기관중재로 국제중재를 진행할 경우에는 법원행정처가 하는 일을 국제중재재판소의 사무국에서 어느 정도 대신해준다. 그러나 그 경우에도 약간의 다른 점이 있다.

첫째, 판사를 일방적으로 지정하지 않는다. 중재재판관이 세 명일 경우에 당사자 지명 재판관을 물색하고 그들의 일정을 확인하고 그들에게 지불할 보수를 협상하는 것은 온전히 당사자들의 몫이다. 그 일을 국제중재재판소에 맡기는 당사자는 없다. 자기에게 조금이라도 유리하도록 중재재판의 각 요소를 구성하고 싶은 것이 소송에 임하는 소송당사자들의 마음이다. 형식적으로는 국제변호사회에서 정한 윤리규정을 채택한 경우에 특히 당사자들에 의해서 선임된 중재재판관도 자기를 지명한 당사자의 편을 들면 안 되고 중립적인 자세로 중재재판을 진행해야 한다고 되어 있다. 그렇다고 하더라도 개인의 편향이 있고 사물에 대한 시각이 다르다.

재판당사자들은 대개 중재재판에 회부된 사건과 유사한 사건을 다룬 경험이 있는 중재재판관들을 선임하고 싶어 한다. 그때 물망에 오른 사람이 자기 쪽과 비슷한 입장에게 유리한 판정을 내린 사람인지, 상대방과 같은 입장에게 유리한 판정을 내린 사람인지 아닌지, 그 사람이 상대방에게 유리하게 판정을 내릴 가능성은 없는지 등에 대해 최대한 사전에 파악하려고 노력한다. 이 일은 대개 당사자를 대리하는 변호사의 몫이다. 당사자를 대리하는 변호사는 자기 측 중재재판관을 선임하기 전에 그 사람이 예전에 내렸던 중재판결 내용을 검색해보고, 때로는 그 사람을 직접 만나보기도 한다. 자기에게 불리한 판결을 내릴 위험이 없고 더 나아가서 제3의 중재인, 즉 의장 중재인을 자기에게 유리하도록 설득할 수 있는 인물을 선정하기 위해서 모든 합법적인 노력을 다한다. '중재재판에서 변호사가 하는 일 중에서 가장 중요한 일은 좋은 중재재판관을 선정하는 일이다'라는 말이 있을 정도다.

이런 작업은 국내재판에서는 필요하지 않다. 내 재판을 담당하는 판사는 법원에서 일방적으로 지정해서 통지한다. 가끔 '재판부 기피신청'을 하는 경우가 있기는 하지만 기피신청의 사유로 "지정된 판사님의 과거 판결을 검토해보니 제가 신청한 사건에 대해서 제게 불리한 판결을 내릴 가능성이 높기 때문에 기피한다"라고 하면 받아들여지지 않는다. 편파적인 진행이 명백히 예상되고 그것이 객관적인 자료를 통해서 입증될 경우, 즉

재판 상대방과 경제적 또는 인간적 관계가 존재한다는 등의 사실을 입증할 수 있을 때만 재판부 기피신청을 할 수 있고, 그렇다 하더라도 그 신청이 받아들여지는 경우보다 받아들여지지 않는 경우가 훨씬 더 많다. 그래서 국내재판에서는 자기 사건이 자기에게 유리한 재판부로 배정되게 하기 위해서 노력하는 것보다 지정된 재판부와 가까운 변호사를 찾는 노력을 하는 경우가 많다. 재판은 사람이 하는 일이라 어떤 방법으로로든 자기에게 유리한 판결을 내려줄 가능성이 많은 사람에게 재판을 받으려고 하는 것이 모든 재판 당사자들의 바람이다. 국내재판에서는 그 바람을 실현하기 위해서 할 수 있는 활동이 많지 않은 데 비해서 국제중재에서는 그 작업에 많은 시간과 노력이 소요된다. 그것은 다른 말로 하면 재판당사자가 변호사에게 지불하는 비용이 늘어난다는 이야기다. 중재인을 물색하고 검토하는 모든 일을 제대로 해낼 수 있는 사람은 그 방면의 업무에 밝은 변호사일 수밖에 없기 때문이다.

둘째, 재판관의 비용을 선불로 지불해야 한다. 국내재판에서도 소송을 제기하는 사람은 소송가액에 따라 정해지는 인지대와 상대방 인원수에 따라 결정되는 송달료를 법원에 낸다. 자기

변호사에게 지불하는 돈을 제외하고는 이것이 소송에 들어가는 비용의 모두다. 이 돈은 국제중재를 할 때 중재재판부와 중재재판소에 내야 하는 돈에 비하면 아주 적은 금액이다. 법원은 소송당사자들이 내는 돈으로 법원을 운영하거나 판사와 해당 소송의 진행에 참여하는 법원 서기의 급료와 수당을 지불하지 않는다. 법원을 운영하고 법관과 법원행정처의 직원을 고용하고 유지하는 데 들어가는 비용은 국민이 낸 세금으로 정부에서 배정한 예산으로 조달한다.

그에 비해서 국제중재재판에서는 소송당사자들이 내는 돈으로 국제중재재판소 건물을 유지하고, 직원들의 급료를 주고, 중재재판관들의 수임료를 지불한다. 국제중재재판소 건물이 있는 곳은 파리, 런던, 싱가포르, 홍콩, 서울 등이다. 건물 임대료가 싼 지역이 아니다. 거기서 일하는 직원들은 대학 이상의 교육을 받은 사람 중에서 국제중재의 진행을 원활하게 진행할 수 있는 능력을 갖춘 이들이다. 두 개 이상의 언어를 구사하고 법률 교육을 받은 사람들이 많다. 이들에게 지불하는 급료는 우리나라 법원이 행정직원에 지불하는 액수보다 훨씬 크다. 그리고 국제중재재판관들, 이들은 대부분 오랫동안 국제중재 분야에서 변호사로 활동하면서 국제중재의 경험을 쌓은 사람들이다.

이들의 비용은 시간급으로 계산해서 지불한다(ICC의 경우에는 좀 다르다). 이들이 사건 기록을 검토하고, 중재재판정에서 양 당사자 측의 변론과 증인심문을 듣고, 법률을 검토하며, 중재재판관이 세 명인 경우에는 서로 의견을 교환하고, 판결문 초안을 작성하고, 판결문을 검토하고, 서명하는 모든 시간에 대해서 비용을 지불해야 한다.

그뿐만이 아니다. 중재재판을 하는 곳은 중재재판관이 평소에 거주하는 곳과 다른 도시일 경우가 대부분이다. 그들이 자기 도시에서 떠나서 중재재판이 열리는 곳으로 이동하는 데 들어가는 비용, 즉 비행기 삯과 호텔 체류비, 심지어는 이동하는 데 소요되는 시간 때문에 다른 일을 하지 못하는 데 대한 보상으로 약간 할인된 요율이기는 하지만 시간급으로 환산한 수임료를 또 지불해야 한다. 이들이 경험 많은 변호사들인 만큼 그들에게 지불해야 하는 수임료는 당사자가 선임한 변호사에게 지불하는 비용과 시간당 단가가 같거나 더 높을 가능성이 크다.

중재재판관이 세 명이면 이론적으로 1.5인의 비용은 소송을 제기하는 쪽에서 부담해야 한다. 그러나 실제로는 중재재판관 세 명 모두의 비용을 지불할 각오를 해야 한다. 중재재판을 회피하는 상대방이 자기 부담분의 비용을 내지 않고 버틸 경우가 있기 때문이다. 그렇다고 상대방 부담분을 빼고 중재재판부 비용의 절반만 내겠다고 하면 중재재판부가 움직이지 않는다. 중재재판소의 규정에도 대부분 이럴 때 한쪽 당사자가 상대방 몫까지 낼 수 있다고 정해져 있다. 낼 수 있다고 완곡하게 표현했지만 내야 한다는 뜻이다. 그래야 중재재판을 하고, 중재판결을 받아서 손해배상을 받을 수 있기 때문이다. 중재재판에서 이길 경우 내가 지불했던 상대방 몫의 중재재판비용은 받아야 할 배상금에 얹어서 받을 수 있다. 그러나 그것은 먼 훗날의 이야기다. 중재재판을 하는 데 소요되는 시간은 한정이 없다. 중재재판소의 규정에는 소송의 각 단계별로 기간을 정해두고 되도록이면 9개월에서 1년 6개월 사이에 중재판결이 나도록 유도하고 있지만 실제 재판에서는 정해진 기간이 연장되기가 다반사이고 소송이 2, 3년으로 늘어지는 경우가 드물지 않다. 이렇게 중재판결을 받는다고 바로 돈이 나오는 것이 아니다. 상대방이 중재재판결과에 승복하지 않으면 상대방의 재산이 있는 곳에 가서 법원에 중재판정의 승인 및 집행 명령을 신청해야 한다. 지금까지 중재재판에 참여하지 않고 있던 상대방은 이때 법원의 소송에는 응소를 한다. 상대방이 응소를 하면 법원의 재판과정이 몇 달이 소요된다. 여기서 이겼다 하더라도 상대방이 항소, 상고까지 할 수도 있다. 중재재판은 거의 대부분의 경우 1회성이고 항소를 할 수 없도록 되어 있지만 중재재판부의 판결을 승인하고 집행하는 명령은 법원의 판결이기 때문에 그 나라의 사법제도에서 보장하는 항소, 상고가 가능한 것이다. 그러면 또 다시 1, 2년이 훌쩍 지나간다. 상대방은 그 사이에 파산을 하거나 재산을 해외로 이전시킬 수도 있다. 그러지 못하게 가처분 신청을 하려면 또 돈이 들어간다. 하여튼 모든 조치를 다 취해서 가압류한 상대방의 재산에 강제집행을 해서 돈을 회수하는 데는 3년에서 5년이 걸릴 수 있다. 그때까지 들어가는 모든 비용은 소송을 시작한 쪽에서 부담해야 한다. 그리고 그 비용은 모두 선불로 내야 한다.

국제중재는 결코 값싸고 신속하게 분쟁을 해결하고 손해배상을 받을 수 있는 제도가 아니다. 상대방이 믿을 수 있는 사법제도가 운영되는 국가에 소속된 개인이나 기업이라면 차라리 상대방 국가의 법원에서 분쟁을 해결하도록 계약서에 명시해 두는 것이 국제중재로 해결하는 것보다 시간이나 비용 면에서 유리할 가능성이 많다.

셋째, 외국에서 재판을 진행해야 한다. 국제중재조항을 작성할 때 무엇보다도 중재지는 반드시 지정해둬야 한다는 이야기는 앞에서 했다. 중재지가 거래 양 당사자 중 어느 한쪽이 소속된 국가에 있는 도시로 정해질 가능성은 적다. 중국이 당사자인 거래에서는 중국 측 기업이 이런 핑계 저런 핑계를 대면서 중국 국제중재센터를 중재재판소로 지정하고 중국의 도시를 중재지로 지정하는 계약을 추진하는 경우가 많다. 그들은 그렇게 하지 않으면 정부의 허가가 떨어지지 않는다는 핑계를 주로 댄다. 그것이 사실인지 여부는 모르겠지만, 그런 주장에 넘어가서 중재지를 중국의 도시로 정하는 한국과 중국기업 간의 계약이 많이 있는 것 같다. 그럴 바에는 차라리 중국법원에서 재판으로 해결한다고 계약하는 것이 더 낫지 않겠나 싶다. 실제로 중재전문 변호사들은 아직 법 적용과 집행의 공정성이 보장되지 않는 나라에 있는 기업들과의 계약에서는 상대방이 계약을 위반했을 때 그에 대한 책임을 묻는 것이 사실상 불가능한 경우가 많다는 것을 알고 있다. 그런 상대방과 계약을 할 경우에는 상대방이 계약을 이행하지 않더라도 손해 보지 않도록 하는 방식으로 거래를 해야 한다. 가령 물건을 주기 전에 선불을 받는다든지, 물건을 수령하는 것은 물론 하자 여부 검토도 마쳐야 LC지불이 가능하도록 한다든지 등의 방식이 있겠다.

중국기업들은 자국 내의 도시에서 중재를 진행하도록 중재
조항을 정하자고 우기는 경우가 꽤 있고, 한국 기업을 상대로
꽤 통용이 되는 모양이지만 그 반대의 경우, 즉 한국 기업이 당
사자인 계약에서 중재지를 서울로 정하는 경우는 별로 없는 것
으로 보인다. 그렇게 정하지 못하는 경우 중재재판은 상대방 국
가의 도시나 또는 제3국의 도시에서 진행하게 된다. 그러면 중
재재판이 열리는 곳으로 재판에 출석할 증인들과 변호사들이
모두 이동을 해서 중재재판이 끝날 때까지 몇 날 며칠을 머물러
야 한다. 그동안 회사 일은 국제전화나 이메일로 처리를 해야
하고 당사자들의 체류비와 동반하는 변호사들의 체류비도 모
두 부담해야 한다. 한국 기업이 흔히 그렇게 하듯이 중재재판을
대리시키기 위해서 영어권 변호사를 고용하고, 그 변호사에게
의사전달을 하기 위해서 한국변호사를 고용하는 경우에는 일
단 우리 측 변호사들만 두 팀이다. 이들이 먹고 자는 모든 비용
은 고스란히 당사자들이 지불해야 한다. 변호사들을 뒷골목 모
텔에서 재우고 맥도날드 햄버거만 먹일 수는 없다. 기본이 별
네 개의 관광호텔이고 최소한 호텔 음식을 식사로 계속 제공해
야 한다. 하루하루 청구서를 지불하는 상황이 되면 '누가 국제
중재를 값싸고 신속한 분쟁해결 방법이라고 그랬나?'라는 원망

이 새어나온다.

그에 비해서 재판을 하는 경우에는 오히려 비용이 적게 든다. 현지 법원에서 대리할 변호사는 그 동네 사람이기 때문에 그에게는 법원 출석 및 준비에 들어가는 비용만 지불하면 된다. 그 사람의 호텔 체류비나 하루 세끼 식대를 지불할 필요가 없는 것이다.

넷째, 중재판정의 집행을 위해서 다시 법원에 소송을 제기해야 한다. 중재재판부에서 명령한 대로 손해배상금을 순순히 지불하는 경우도 있겠지만 그렇지 않은 경우도 많다. 중재재판을 처음부터 거부한 상대방도 있고, 재판에는 참여했지만 그 결과에 승복하지 않는 사람들도 있다. 그들에게 마지막 찬스가 남아 있다. 사실은 찬스가 두 번이 있다. 하나는 중재지의 법원에 중재판정에 대한 이의를 제기하는 것이고, 다른 하나는 상대방이 중재판정의 승인 및 집행 명령을 신청하기를 기다렸다가 그 재판에 응소하는 것이다(이에 대해서는 다음 절에서 좀 더 자세히 설명하겠다). 상대방은 두 가지를 동시에 진행할 수도 있다. 중재재판이 진행된 곳의 법원에는 중재판정 무효 청구를 하고, 자신의 재산이 있는 곳의 법원에 상대방이 제기한 중재판정 승인 및 집행 청구에는 응소를 하는 것이다. 그러면 중재재판에 이긴 쪽에서는 양쪽 모두 대응을 해야 한다(상대방이 제기한 중재판정 무효 청구는 무시하고 중재판정 승인 및 집행 청구만 진행을 할 경우에 벌어질 수 있는 상황에 대해서는 여기서 설명을 생략한다). 법원의 판결은 모두 항소, 상고가 가능하다. 그러면 재판을 모두 몇 번을 하게 되는가? 한도 없고 끝도 없다는 느낌이 들 것이다. 웬만한 액수면 포기하거나 합의를 하고 만다. 그래서 처음에는 상대방을 혼을 내주고 버릇을 고쳐서 다시는 이런 짓을 못하도록 해주겠다고 노기등등하게 중재재판절차를 시작했던 당사자들도 대부분 중재재판 도중에 또는 중재재판 판결이 나고 난 뒤에 판결액보다 적은 액수를 받고 합의를 하고 만다. 상대방의 버릇을 고쳐주다가 내가 망하게 생겼기 때문이다. 세상 일이 그렇지 않은가? 끼어드는 얌체차를 막으려고 바투 바투 운전하다가 접촉사고 나면 내 차도 찌그러진다.

국제중재재판은 국내재판보다 훨씬 시간이 많이 걸리고 비용도 많이 든다. 국내민사소송을 해본 사람이면 거기에 드는 비용과 시간에 고개를 절레절레 내젓는 경험을 했을 것이다. 그래서 국제계약에서는 분쟁이 발생했을 때 중재로 해결하면 시간과 비용이 절감된다는 이야기를 듣고는 중재를 분쟁해결 수단으로 채택하는 조항을 채택한다. 그리고 중재인을 한 명으로 할 건가 세 명으로 할 건가 하는 것을 정해야 한다는 이야기를 듣고는 기왕이면 세 명으로 하는 것이 공정하겠지 하는 마음에서 세 명으로 중재인 수를 정해둔다. 이렇게 정해진 중재조항이 실제로는 족쇄가 되어서 상대방이 계약을 위반해도 그에 대한 책임을 묻는 것을 포기할 수밖에 없는 상황이 될 수도 있다.

그런데 왜 국제중재가 값싸고 신속하게 분쟁을 해결하는 수단이라고 이구동성으로 말하는 것일까? 필자의 생각에는 진실을 아는 사람은 국제중재로 밥을 먹고 사는 사람들이고, 국제중재 사건의 많고 적음에 자기 비즈니스의 영향을 받지 않는 사람들은 진실을 모르기도 하고, 혹시 알고 이야기해도 전문가로 인정되는 사람의 발언이 아니기 때문에 별로 주의를 끌지 못하는 것이 아닌가 싶다.

이 절의 결론은 국제중재는 비용과 시간이 많이 드는 분쟁해결절차라는 것이다. 그러나 때로는 그 외에는 다른 대안이 없는 경우가 있다. 상대방 국가의 사법체계를 믿을 수 없을 때라든가, 상대방의 해외재산 보유국이 변동될 가능성이 있을 때 등이다. 그런 경우에는 국제중재가 그나마 안전하게 손해배상을 받을 수 있는 방법일 수 있다.

계약서의 분쟁해결조항을 작성할 때, 그러므로 상대방이 소재한 국가의 법원으로 할 것인가, 제3국의 법원으로 할 것인가, 아니면 국제중재로 할 것인가, 국제중재로 할 때 중재지는 어디로 할 것인가, 중재인은 몇 명으로 할 것인가 등에 대해서 조금은 생각하고 결정을 해야 한다.

4

중재판정에 대한 도전 및 집행

국제중재는 항소가 없다. 쌍방이 중재조항을 작성할 때 달리 정해놓지 않는 한, 일반적으로 많이 사용하는 '중재로 해결한다'라는 문구나, 세계 각국의 중재재판소의 중재규칙을 적용하는 것으로 중재합의문을 작성했을 때는 중재판정에 대해서 항소는 할 수 없는 것으로 간주된다.

그렇다고 해서 억울하게 중재에서 패소한 쪽이 구제받을 수 있는 길이 전혀 없는 것은 아니다. 두 가지 방법이 있다. 하나는 중재재판이 진행된 곳, 즉 중재지의 법원에 중재판정 무효 소송을 하는 것이고, 다른 하나는 상대방이 중재판정을 집행하려고 할 때 이의를 제기하는 것이다.

1) 중재판정 무효 소송

중재판정 무효 소송은 중재가 진행된 곳의 법원에 제기할 수 있다. 그런 이유에서도 중재지 지정이 중재합의문에서 매우 중요한 것이다. 중재판정의 무효 소송이 제기된 경우 법원은 중재판정부가 사실을 제대로 판정했는가, 법을 제대로 적용했는가 등에 대해서는 일체 검토하지 않는다. 검토해서도 안 된다. 그렇게 되면 중재판정은 하나 마나 한 것이 되어버리기 때문에 국제협약에 의해서 그렇게 하지 못하도록 금지되어 있다.

중재판정이 중재지의 법원에서 무효가 될 수 있도록 하는 근거는 유엔협약에서 정해두었다. 대개의 국가들은 이 유엔협약을 수용하는 방향으로 자국의 중재법을 만들었기 때문에 유엔협약에서 정한 이유들은 대부분의 나라에서 중재판정 무효화의 근거가 된다. 그중에서 중요한 것은 '중재합의문'이 존재하지 않는다, 중재재판의 진행이 공정하지 않았다 또는 중재판결의 내용이 중재재판부에게 위임되지 않은 것을 포함하고 있다

등이다.

'중재합의문이 없다'는 사유는 중재재판에서도 방어사유가 된다. 그러나 중재재판부에서는 웬만하면 중재합의문이 있다는 쪽으로 결론을 내린다. 중재재판에서 기각되었다고 하더라도 법원에서 다시 이것을 이유로 중재판정 무효 소송을 제기할 수 있다.

'중재재판의 진행이 공정하지 않았다'는 이유는 다음과 같은 경우에 활용 가능하다. 중재재판관이 상대방과 이해관계가 있는데도 이를 숨겼다거나, 패소한 쪽에 충분히 자신의 주장을 펼 기회를 주지 않았다거나 등, 객관적으로 입증할 수 있는 불공정성과 편파성이 드러나면 중재판정을 무효화할 수 있다. 그렇게 무효화될 경우에 중재에서 이긴 쪽은 다시 중재절차를 시작해야 한다. 무효가 된 중재판정에 들어간 돈은 회수하지 못하고, 그때까지 사용된 시간은 온전히 낭비된 것이다. 그렇다고 중재재판부를 상대로 손해배상을 청구할 수도 없다. 중재재판부는 선임계약을 할 때 그런 경우에 책임을 지지 않는다는 면책 조항을 넣어두기 때문이다. 그래서 경험 있는 중재재판부는 자기들이 내린 판정이 나중에 무효가 되지 않도록 노력을 다한다. 그런 노력이 특히 필요한 경우 중 하나가 분쟁의 한쪽 당사자가 중재재판에 참여하지 않는 경우다. 법원에서는 그런 경우에 참여한 쪽(일반적으로 제소자)의 주장만 듣고 판결을 내리지만, 그렇다고 해서 그 판정이 무효화되지 않는다. 그러나 중재재판에서는 참여하지 않은 쪽의 주장이 무엇인지 최대한 알아보려는 노력을 한다. 그런 노력을 충분히 기울이고 난 뒤에 양측의 주장을 비교해서 결론을 내렸다는 근거를 남긴다. 이런 노력이 인정되면 한쪽 당사자가 참여하지 않았다는 이유만으로 중재재판 판정이 무효화되지는 않는다. 그러므로 중재재판이 제기되었을 때 피소된 측이 중재재판에 참여하지 않는 것만이 능사가 아니다. 중재비용의 분담 등은 거부할 수 있겠지만 중재재판부에 자기의 주장을 최대한 개진하는 것이 안전하다. 그리고도 편파적인 진행으로 패소했을 경우에는 법원에 무효화 청구를 한다.

법원은 중재재판부의 판정에 대해서 절차의 공정성만을 따질 수 있지 그 내용의 적합성에 대해서는 들여다 볼 수 없도록 되어 있다고 위에서 설명했다. 그러나 그것은 원칙이 그렇다는 이야기고 어떤 나라의 법원은 이것을 기화로 재판부의 판정 내용을 검토하고 자기들 마음에 들지 않으면 무효화시켜버리기도 한다. 그렇게 해놓고서는 판결문에는 절차상의 하자 때문에 중재판정을 무효화시킨다고 쓴다. 특히 아직 국제적 경험이 많지 않은 경제 강국의 법원에서 그런 일이 벌어질 가능성이 높다는 견해가 있다. 그런 나라에서는 중재재판에서 승리해봤자 아무런 소용이 없을 수 있다. 그런 나라에 소재한 상대방과의 거래에서는 앞에 설명한 대로 상대방이 계약을 위반하더라도 내가 소송을 제기할 필요가 없도록 계약을 체결하는 것이 대비책이다. 상대방이 그렇게 하는 데 대해서 이의를 제기하면 그 나라 법원의 관행을 지적하고, 그러므로 내가 일방적으로 손해 보지 않는 계약을 체결하기 위해서는 그렇게 할 수밖에 없다, 그렇게 하는 것이 공정한 것이다 하고 설명한다. 상대방이 압도적으로 우세한 협상지위에 있지 않는 한 그 요구를 수용하지 않기가 힘들 것이다. 그러므로 맹목적으로 애국적인 법원은 당장은 한두 개 자국 기업에게 이익을 줄 수 있을지 모르지만 나머지 기업들 모두의 교역환경을 악화시키게 된다. 그래서 국제교역 경험이 오래된 나라의 법원은 국내 기업과 외국 기업의 차별을 두지 않고 공정한 판결을 내리는 경향이 높은 것이다.

2) 중재판정 승인 및 집행 명령

앞서도 잠깐 이야기했지만 국제중재에 이겼다고 돈이 바로 내 통장구좌로 입금되는 것이 아니다. 마찬가지로 국제중재에 졌다고 상대방이 바로 내 재산을 압류할 수 있는 것이 아니다. 타인의 재산에 대해서 강제집행을 하는 것은 법원의 판결이 있을 때만 가능하다. 그것도 아무 나라의 법원이 아니라 강제집행 대상 재산이 소재한 나라의 법원 판결만 효력이 있다. 그러므로 중재재판에 이긴 쪽이 패소한 쪽의 재산에 강제집행을 하려면 그 재산이 소재한 국가의 법원에 중재판정의 승인 및 집행 명령을 청구해야 한다. 이때 법원은 그 청구를 일반 소송과 같이 취급해서 피고소인 쪽에 통지하고 이의제기 여부를 묻는다. 이때 패소한 측은 위에 제시한 중재판결문 무효 소송의 근거가 되는 이유가 있으면 이의제기를 할 수 있다.

중재재판에서 패소한 쪽은 중재재판을 무효화할 사유가 있을 때에 이를 근거로 중재판정을 무효화하는 판결을 신청할 법원을 골라잡을 수 있다. 중재재판이 진행된 중재지 법원과 중재판정을 집행할 대상이 소재한 법원이 선택의 대상이 된다. 패소한 측은 이 둘 중 하나에서 소송을 제기할 수도 있고, 어떤 경우에는 두 곳 모두에서 소송을 진행하게 될 수도 있다. 왜냐하면 패소한 측이 중재지 법원에 중재판결 무효 소송을 진행하고 있을 때 승소한 측이 이와 상관없이 집행대상물이 있는 국가의 법원에 '승인 및 집행 명령'을 신청할 수도 있기 때문이다. 이때 무효화 신청을 하고 있으니까 이쪽은 방어하지 않아도 되겠거니 하고 가만히 있다가는 낭패를 볼 수도 있다.

중재판정 무효 소송의 사유로는 사용될 수 없지만 중재판정 승인을 거부할 수 있는 근거가 될 수 있는 것이 두 가지가 있다. 중재판결의 내용이 해당 법원이 소재한 국가의 법률에 의해서 중재재판의 대상이 될 수 없는 안건에 대한 것이거나, 그 내용이 해당 국가의 공공정책에 위배되는 경우가 이에 해당된다.

3) 중재판정의 집행

위에서도 썼지만 중재재판에서 승리했다고 바로 강제집행을 할 수는 없다. 집행을 위해서는 법원의 '승인 및 집행 명령' 판정을 받아야 한다. 때로는 승인 및 집행 명령 판정을 받는 동안에 패소한 측에서 파산을 하거나 재산을 다른 곳으로 이동시켜 버리는 수도 있다. 승인 및 집행 명령 판정이 기각될 수도 있다.

그래서 중재판정에 이기고도 판정금액보다 적은 액수를 배상금으로 받기로 하고 상대방과 합의를 하는 경우가 종종 일어나는 것이다.

부록

　본문에서 열거했던 각 중재재판소를 각기 간단히 소개하겠다(어떤 이들은 국제중재재판소를 국제중재법원이라고 번역하기도 하나 그렇게 번역하는 것은 바람직하지 않다고 생각한다. 법원이라고 하면 국가기관의 하나인 사법부에서 관장하는 법원과 동일시되는 착시효과를 줄 우려가 있다. 국제중재재판소가 민간기관이라는 사실을 분명히 인식하는 것이 해당 기관들을 이용하는 소비자, 즉 분쟁의 소지가 있는 계약을 체결하는 개인이나 기업들이 분쟁해결절차를 대행해주는 국제중재재판소를 지정할 때 '소비자선택권'을 제대로 행사하는 데 긴요하다고 생각한다).

　여기서 소개하는 각 국제중재재판소의 규정, 즉 중재재판관의 수나 선임방식 또는 중재재판정 개정 장소 등은 해당 국제중재재판소의 재판진행규칙을 채택하는 경우에 적용된다. 어떤 국제중재재판소는 다른 재판소의 재판진행규칙의 채용을 허용하는 경우도 있다. 그때는 중재재판소가 어디냐가 아니라 어느 중재재판소의 규정을 채택하느냐에 따라 중재절차 및 그에 관련된 사항들이 결정된다.

1. ICC(International Court of Arbitration of the International Chamber of Commerce): 국제상공회의소 부설 국제중재재판소

○ 개요

　이름이 보여주는 대로 국제상공회의소에 부설된 기관이다. 국제상공회의소 본부가 있는 프랑스 파리에 사무국을 두고 있으며 모든 공식문서를 영어와 프랑스어로 간행한다. 전 세계의 국제중재재판소 중에서 가장 많은 사건을 다루고 있으며 얼마 전에는 홍콩에 사무국을 열었다. 이 중재재판소는 중재재판부의 판결이 내려진 후 그 판결이 제대로 내려졌는지 여부를 중재재판소에서 검토한 다음에 당사자들에게 전달한다. 중재재판소의 검토 과정이 존재한다는 사실이 이 기관을 통한 중재재판의 공신력을 높여주고 법원의 집행 명령을 취득하는 데 유리하게 작용한 경우도 있다. 그러나 한편으로 중재재판소가 검토 과정에서 중재재판부 판결의 내용까지 간섭하지 않을까 하는 우려도 있다.

○ 사무국 소재지

사무국은 프랑스 파리에 있다. 프랑스는 대륙법 국가다. 프랑스에 중재재판소의 본부가 있으므로 대륙법 국가에 소재한 기업인들이 이용하기에 좋지 않겠는가 하는 느낌을 줄 수도 있다. 그러나 이 중재재판소의 중재재판규정이 다른 재판소의 규정이나 유엔의 규정에 비해서 특별히 대륙법 국가에게 유리하게 만들어진 것으로 보이지는 않는다.

○ 중재재판관 수

당사자 합의가 우선한다. 당사자 합의가 없을 경우 중재재판소에서 선임하는데, 한 명을 선임하는 것을 원칙으로 하나 중재재판소가 필요하다고 생각하는 경우에는 세 명을 선임할 수도 있도록 되어 있다. 중재재판관을 한 명으로 또는 세 명으로 정하는 기준은 소송가액의 크기, 사건의 복잡성 등을 고려해서 정한다고 한다.

○ 중재재판관 선임

▶ 한 명일 경우: 당사자들이 합의로 선임하도록 한다. 그러나 앞에서도 말했듯이 일단 분쟁이 발생해서 중재재판을 청구할 단계가 되면 당사자들이 어떤 사항이라도 합의를 한다는 것은 사실상 불가능하다. 이에 대비해서 모든 중재재판소는 직권으로 중재재판관을 지정할 수 있도록 규정에 장치를 마련해두었다. ICC 중재재판소도 마찬가지다. 만약 중재 청구일자로부터 30일 이내에 당사자들이 합의를 하지 못하면 중재재판소 사무국에서 선임하도록 되어 있다. 중재재판소가 직권으로 중재인을 선임해야 하는 경우에 사용하는 방법은 대부분의 중재재판소가 비슷하다. 중재재판소는 자기 재판소에 등록되어 있는 중재재판관 패널에서 사건의 성격, 당사자들의 국적, 소송가액 등을 고려해서 다섯 명 또는 열 명 정도의 중재재판관을 선정한다. 이렇게 선정된 중재재판관 명부를 당사자들에게 보내서 선호도 순으로 번호를 매기도록 한다. 그렇게 해서 양 당사자가 매긴 번호의 합이 가장 작은 사람으로 지정을 하는 방법을 사용

한다. 이렇게 하면 어느 정도 객관성을 보장할 수 있게 되고, 나중에 중재인이 중립적인 인물이 아니라는 이유로 중재판정이 기각될 우려를 줄일 수 있다.

▶ 세 명일 경우: 당사자들이 각기 한 명씩 임명하고, 제3의 중재재판관, 즉 의장은 중재재판소에서 임명한다. 이 점에서 다른 중재재판소의 규정과 ICC의 규정이 구별된다. 유엔의 규정이나 다른 재판소의 규정은 제3의 중재재판관을 당사자들에 의해서 선임된 중재재판관들이 합의로 선임하도록 하고, 양 중재재판관들이 합의에 도달하지 못할 경우에만 중재재판소에서 지명하도록 하고 있다. 이때 중재재판소에서 지명하는 과정도 역시 중재재판소에서 추천하는 중재재판관의 명단을 당사자 지정 중재재판관들에게 보내서 그들이 매긴 선호도 순위를 바탕으로 지정하는 방법을 사용한다. 만약 당사자들이 자기 몫의 중재재판관을 임명하는 데 실패하면 그 몫도 중재재판소에서 임명한다. 당사자들이 중재재판관을 임명하는 데 실패한다는 것은 그 당사자가 중재재판에 참여하지 않겠다고 방침을 정하는 경우에 일어날 수 있다. 중재합의문이 존재하지 않는다고 주장하는 당사자가 중재재판 과정에 참여하는 것을 일절 거부하는 일이 발생할 수도 있다. 이 경우에 중재합의문이 존재한

다고 주장하는 한쪽 당사자가 일방적으로 중재재판을 진행하려고 할 때, 그렇게 진행된 중재재판 결과가 나중에 법원의 승인 및 집행 명령 심사과정에서 절차의 하자나 불공정성을 이유로 기각당하지 않도록 하기 위해 중재재판소가 기울이는 노력 중 하나다.

○ 중재재판정 개정 장소

당사자들의 합의가 없으면 중재재판소에서 결정한다. 실제 중재재판을 진행하는 장소나 판결문을 작성하는 장소는 다른 곳이라도 괜찮다.

○ 중재재판 언어

당사자들이 결정하고, 만약 당사자들의 합의가 없으면 중재재판단에서 결정한다. 이때 계약서에 사용된 언어를 포함해서 계약의 체결과 집행에 관련된 환경 등이 고려사항이 된다.

○ 적용하는 실정법

계약에 적용하는 실정법은 당사자들의 합의에 의한다. 만약 당사자들의 합의가 없으면 중재재판단에서 결정한다.

○ 중재재판관 윤리규정

이에 대한 언급은 없다. 그러므로 중재재판관이 윤리규정을 따르지 않을 경우에 해당 판결을 무효로 하고 싶은 당사자는 '중재인 윤리규정 적용 조항'을 중재합의서에 포함시켜두어야 한다.

○ 비용

중재재판소에 지불하는 행정비용과 중재재판관들에게 지불하는 수임료 등을 계산하는 공식이 공지되어 있어서 소송을 준비하는 사람들이 어느 정도 예측을 할 수 있도록 하고 있다. 이 비용은 소송가액에 따라 계단식으로 증가하는데, 일률적인 것 같으나 최소비용, 평균비용, 최대비용으로 변동이 가능하도록 되어 있어서 중재재판소가 융통성을 가질 수 있는 공간을 부여해두고 있다.

2. LCIA(London Court of International Arbitration): 런던 국제중재재판소

○ 개요

독립된 중재재판소로서 100년 이상의 역사를 자랑한다.

○ 사무국 소재지　영국 런던

○ 중재재판관 선임

중재재판관은 한 명을 원칙으로 한다. 이때는 중재재판소가 선임권을 가진다. 한 명의 중재재판관을 선임할 때는 중재재판소가 결정권을 가진다. 만약 당사자들이 지명을 하더라도 그것은 고려사항일 뿐이고 결정은 재판소에서 내린다.

당사자들의 합의가 있거나 중재재판소가 세 명의 재판단이 필요하다고 판단할 경우에는 세 명으로 구성한다. 세 명으로 구성할 때에는 당사자들이 한 명씩 지명하고 제3의 중재인은 중재재판소에서 지명한다. 중재재판소에서 지명한 제3의 중재인이 중재재판단의 의장이 된다. 당사자들이 지명한 중재재판관들도 자신을 지명한 당사자들로부터 독립해서 객관적으로 중재재판을 진행해야 한다.

○ 중재재판정 개정 장소

당사자들이 결정한다. 당사자들의 결정이 없으면 런던으로 간주된다. 단, 중재재판소가 모든 조건을 고려하고 당사자들과 서면으로 합의를 한 다음에 다른 장소를 개정 장소로 정할 수 있다. 개정 장소가 일단 정해진 다음에 실제로 중재재판의 진행은 다른 곳에서 할 수 있다. 그럴 경우에도 애초에 정해진 개정 장소에서 중재재판이 진행된 것으로 간주한다.

○ 중재재판 언어

당사자들이 결정한다. 만약 당사자들의 합의가 없으면 중재재판단에서 결정한다. 중재재판단이 구성되어서 중재재판의 언어를 결정할 때까지 당사자들과 중재재판소 간의 교신은 중재합의서에 사용된 언어로 하거나 영어로 할 수 있다.

○ 중재재판관 윤리규정

중재재판관이 공정하고 불편부당하게 재판을 진행할 의무를 자체 규정에 명시하고 있고, 이를 위반하는 중재재판관은 해임

할 수 있도록 하고 있다. 국제변호사회나 미국중재인협회가 정한 윤리규정을 적용하고 싶으면 당사자들이 중재합의서에 별도로 명시해야 한다.

○ 비용

중재재판관에게 지불하는 금액은 사안별로 정해져 있다. 그러나 중재재판관들의 수고비와 사무국 직원의 수고비는 시간당 요율로 결정되도록 되어 있다.

3. SIAC(Singapore International Arbitration Centre): **싱가포르 국제중재재판소**

○ 개요

1991년 설립되었다. 상위 기관이 없는 독립기구다.

○ 사무국 소재지   싱가포르

○ 중재재판관 선임

한 명을 선임하는 것을 원칙으로 한다. 당사자의 합의에 의해서 선임된 중재재판관도 이 재판소의 의장이 승인을 해야 한다. 의장의 지명이나 승인 결정에 대해서는 당사자들이 재심을 청구하거나 항소할 수 없다.

의장이 지명할 경우에는 싱가포르 중재재판소에 국제중재재판관 후보자로 등록되어 있는 사람 중에서 지명할 가능성이 매우 높고, 당사자들이 결정할 때도 이들 중에서 선임하면 의장이 승인할 가능성이 높다고 볼 수 있다.

○ 중재재판정 개정 장소

당사자들의 합의가 없을 경우에는 싱가포르로 하는 것을 원칙으로 한다. 실제 재판은 다른 장소에서 할 수 있다.

○ 중재재판 언어 중재재판부에서 결정한다.

○ 비용

사무국의 행정비와 중재재판관의 보수 모두가 소송가액에 따라 정해지도록 되어 있다.

4. HKIAC(Hong Kong International Arbitration Centre): **홍콩 국제 중재재판소**

○ 개요

1985년에 설립되었다. 설립 당시에는 정부와 재계의 지원을 받았지만 지금은 완전히 독립했다. 이 재판소를 통해서 진행되는 국제상사중재에 대해서는 중국의 중재절차법이 아니라 유엔 중재절차법의 적용을 받는다. 이 중재재판소에서는 자체의 중재재판규정에 따른 중재재판절차를 진행해줄 뿐 아니라, 당사자들이 합의를 하는 경우에는 ICC, LCIA 또는 유엔의 중재절차규정에 따라 중재재판을 진행하는 것을 도와주기도 한다.

○ 사무국 소재지   홍콩

○ 중재재판관 선임

▶ 홍콩중재재판소의 절차규정에 따를 경우
◦ 한 명의 중재재판관으로 진행할 경우 중재재판관 선임은 당사자들의 합의에 따른다. 만약 합의에 이르지 못하면 중재재

판소에서 지명한다. 당사자들이 합의로 지명한 중재재판관은 중재재판소의 확정을 받아야 한다. 중재재판소에서 당사자 지명의 중재재판관의 확정을 거부할 경우에는 거부 이유를 설명할 책임이 없다.

◦ 세 명의 중재재판인단으로 진행할 경우에는 쌍방이 각 1인씩 지명하고 당사자들이 지명한 중재재판관들이 제3의 재판관을 지명한다. 만약 제3의 재판관에 대해 합의가 이루어지지 못할 경우 중재재판소에서 지명한다.

▶ 유엔의 중재절차규정에 따를 경우

◦ 당사자들이 합의해서 선임한다.

◦ 당사자들이 합의하지 못하면 중재재판소에서 지명한다. 당사자들이 중재재판소에 지명을 요청하면 중재재판소는 다음의 방식으로 중재재판관을 정한다. 먼저 홍콩중재재판소에 등록되어 있는 중재재판관들 중에서 세 명 이상 명단을 적어 당사자들에게 보낸다. 당사자들은 이 사람들 중에서 기피하는 사람을 표시하고, 기피대상자가 아닌 사람들은 선호도에 따라 번호를 매겨서 중재재판소에 돌려준다. 그 명단을 받은 중재재판소는 당사자들의 선호도를 감안해서 중재재판관을 선임한다. 만

약 이 절차에 의해서 선임하는 것이 불가능할 경우에는 중재재판소가 재량권을 갖는다.

  ○ 중재재판정 개정 장소

당사자들의 합의가 없을 경우에는 홍콩으로 간주한다.

  ○ 중재재판 언어　중재재판단이 결정한다.

  ○ 비용

사무국의 행정비는 정액제로 청구한다. 중재재판관들의 수고비는 시간당 요율 또는 일일 요율을 바탕으로 계산해서 청구한다.

5. KCAB(Korean Commercial Arbitration Board): 대한상사중재원

  ○ 개요

1966년에 대한상공회의소 부설 국제상사중재위원회로 설립되었다가 1970년에 사단법인 대한상사중재협회로 독립했고,

1980년에 사단법인 대한상사중재원으로 확대 개편했다. 국내 중재와 국제중재를 모두 취급한다.

○ 중재재판관 수

한 명으로 간주한다. 그러나 당사자들은 중재재판신청서를 접수한 날로부터 30일 이내에 세 명으로 확대할 것을 요구할 수 있다. 그 경우 확대 여부 결정은 중재재판소의 사무국이 내린다.

○ 중재재판관 선임

▶ 한 명일 경우: 당사자들의 합의에 의한다. 합의에 실패하면 중재재판소 사무국이 선임한다.

▶ 세 명일 경우: 당사자들이 한 명씩 지명하고, 제3의 중재재판관(의장)은 지명된 두 명의 중재재판관이 합의로 선임한다. 합의에 실패할 경우 중재재판소 사무국이 선임한다.

○ 중재재판정 개정 장소

당사자 합의가 없을 경우 서울로 간주한다.

○ 중재재판 언어

당사자 합의가 있으면 이를 따르고, 합의가 없을 때에는 중재재판부에서 결정한다.

○ 비용

중재인 수당은 요율 곱하기 시간으로 결정한다. 중재인의 시간당 요율은 사무국에서 결정한다(2008년 8월 현재 미화 250달러에서 500달러 사이). 단, 중재 신청금액에 따른 최소액과 최대액의 범위가 정해져 있다.

국제중재재판소별로 추천하는 중재합의 조항이 있다. 각 중재재판소별 추천 중재합의 조항들과, 이 중재조항을 계약서에 포함시킬 때 주의할 사항은 아래와 같다.

1. ICC(국제상공회의소 부설 국제중재재판소)

이 재판소에서 추천하는 중재조항은 여러 국가의 언어로 구할 수 있다. 여기서는 한국어와 영어로 된 중재조항만 소개하겠다. 다른 언어로 된 중재조항은 ICC 홈페이지에서 해당 조항을 다운로드할 수 있다.

○ 한국어

이 계약으로부터 또는 이 계약과 관련하여 발생하는 모든 분쟁은 국제상공회의소(International Chamber of Commerce)의 중재규칙에 따라 선정된 1인 또는 수인의 중재인에 의하여 위 중재규칙에 의거하여 최종적으로 해결된다.

○ 영어

All disputes arising out of or in connection with the present contract shall be finally settled under the Rules of Arbitration of the International Chamber of Commerce by one or more arbitrators appointed in accordance with the said Rules.

ICC에서는 중국을 ICC 중재재판의 개최지로 지정할 경우에는 중재조항에 특별히 주의를 기울일 것을 요청하고 있다. 중재조항이 애매하다는 이유로 ICC에서 주관하는 국제중재 대신 중국 국내법원에 의한 재판을 강요당할 위험이 높기 때문이다.

중국을 중재재판 개최지로 하는 ICC 중재를 하기 위한 조항으로 ICC에서 추천하는 것은 아래와 같다.

All disputes arising out of or in connection with the present contract shall be submitted to the International Court of Arbitration of the International Chamber of Commerce and shall be finally settled under the Rules of Arbitration of the International Chamber of Commerce by one or more arbitrators appointed in accordance with the said Rules.

위 세 가지 조항 중 어느 것을 사용하더라도 중재재판의 장소, 사용언어, 그리고 중재인 윤리규정 적용 여부 등은 별도로 명시할 필요가 있다. 이 사항들을 지정하는 문구는 아래와 같다([ ] 안은 둘 중 하나를 지우거나, 적절한 단어나 숫자를 기록한다).

- The number of arbitrators shall be [one/three].
- The seat, or legal place, of arbitration shall be [City and/or Country].
- The language to be used in the arbitral proceedings shall be

〔   〕.

● The governing law of the contract shall be the substantive law of 〔   〕.

* 윤리규정 적용을 위한 문구는 본문 제4항에 있는 것을 사용한다.

2. LCIA(런던 국제중재재판소)

LCIA의 중재규정에 따라 이 기관이 주관하는 중재를 진행하려고 할 경우에 사용할 중재조항은 아래와 같다.

가. 사전합의 시 사용할 문구

분쟁이 발생하기 전(대개의 경우 계약서를 작성할 때)에 사용할 중재조항은 다음과 같다(〔 〕 안은 둘 중 하나를 지우거나, 적절한 단어나 숫자를 기록한다).

Any dispute arising out of or in connection with this contract, including any question regarding its existence, validity or termination, shall be referred to and finally resolved by arbitration under the LCIA Rules, which Rules are deemed to be incorporated by reference into this clause.

- The number of arbitrators shall be [one/three].
- The seat, or legal place, of arbitration shall be [City and/or Country].
- The language to be used in the arbitral proceedings shall be [   ].
- The governing law of the contract shall be the substantive law of [   ].

* 윤리규정 적용을 위한 문구는 본문 제4항에 있는 것을 사용한다.

나. 분쟁이 발생한 뒤에 사용할 중재 회부 합의조항

사전에 합의한 중재조항이 없는 상태에서 분쟁이 발생했을 때 또는 이미 합의했던 중재조항 또는 다른 방식의 분쟁해결 조항을 런던 국제중재법원의 중재규칙에 따른 중재로 변경하려고 할 경우에는 아래의 중재조항을 사용하면 된다([ ] 안은 둘 중 하나를 지우거나, 적절한 단어나 숫자를 기록한다).

A dispute having arisen between the parties concerning 〔   〕, the parties hereby agree that the dispute shall be referred to and finally resolved by arbitration under the LCIA Rules.

- The number of arbitrators shall be 〔one/three〕.
- The seat, or legal place, of arbitration shall be 〔City and/or Country〕.
- The language to be used in the arbitral proceedings shall be 〔   〕.
- The governing law of the contract shall be the substantive law of 〔   〕.

* 윤리규정 적용을 위한 문구는 본문 제4항에 있는 것을 사용한다.

3. SIAC(싱가포르 국제중재재판소)

싱가포르 중재재판소의 중재재판 절차규정에 따라 싱가포르에서 중재재판을 진행하려고 할 때 계약서에 포함시킬 중재조항은 다음과 같다.

Any dispute arising out of or in connection with this contract, including any question regarding its existence, validity or termination, shall be referred to and finally resolved by arbitration in *Singapore* in accordance with the Arbitration Rules of the Singapore International Arbitration Centre("SIAC Rules") for the time being in force, which rules are deemed to be incorporated by reference in this clause.

The Tribunal shall consist of __________[*] arbitrator(s) to be appointed by the Chairman of the SIAC.

The language of the arbitration shall be _________________.

______*는 중재재판관의 수를 적는 곳이다. 1 또는 3을 쓴다.

이 추천 조항의 특징은 중재재판의 장소를 싱가포르로 지정하고 있다는 것이다. 싱가포르 국제중재센터의 홈페이지에 의하면 중재재판의 장소를 다른 곳으로 지정하는 것도 가능하다고 한다. 그렇게 하려면 본문 중 이탤릭체로 되어 있는 Singapore를 다른 도시로(또는 다른 나라로) 바꿔야 한다.

4. HKIAC(홍콩 국제중재재판소)

홍콩 국제중재심판센터는 이용자들이 ICC, LCIA 또는 유엔이 정한 중재규칙에 따라 중재재판을 진행하는 것을 선택할 수 있도록 해놓고 있다. 홍콩국제중재센터에서 추천하는 중재합의 조항은 다음과 같다.

가. HKIAC 중재절차규정에 따라 홍콩중재재판소에서 중재재판을 진행하려고 할 때

Any dispute, controversy or claim arising out of or relating to this contract, or the breach, termination or invalidity there of, shall be settled by arbitration in Hong Kong under the Hong Kong International Arbitration Centre Administered Arbitration Rules in force when the Notice of Arbitration is submitted in accordance with these Rules.

The number of arbitrators shall be …… (one or three).

The arbitration proceedings shall be conducted in …… (insert language).

나. ICC 중재절차규정에 따라 홍콩중재재판소에서 중재재판을 진행하려고 할 때

All disputes arising out of or in connection with the present contract shall be finally settled under the Rules of Arbitration of the International Chamber of Commerce by one or more arbitrators appointed in accordance with the said Rules.

The place of arbitration shall be in Hong Kong at Hong Kong International Arbitration Centre.

The governing law of this contract shall be the substantive law of ⋯⋯ The number of arbitrators shall be (one/three). The language to be used in the arbitral proceedings shall be ⋯⋯

다. LCIA 중재절차규정에 따라 홍콩중재재판소에서 중재재판을 진행하려고 할 때

Any dispute arising out of or in connection with this contract, including any question regarding its existence, validity or termination, shall be referred to and finally resolved by arbitration under the Rules of the London Court of International Arbitration, which Rules are deemed to be incorporated by reference into this clause. The place of arbitration shall be in Hong Kong at Hong Kong International Arbitration Centre.

The governing law of this contract shall be the substantive law of ······ The number of arbitrators shall be (one/three). The language to be used in the arbitral proceedings shall be ······

라. AAA의 중재절차규정에 따라 홍콩중재재판소에서 중재재판을 진행하려고 할 때

Any controversy or claim arising out of or relating to this contract shall be determined by arbitration in accordance with the International Arbitration Rules of the American Arbitration Association. The place of arbitration shall be in Hong Kong at Hong Kong International Arbitration Centre.

The governing law of this contract shall be the substantive law of ······ The number of arbitrators shall be (one/three). The language to be used in the arbitral proceedings shall be ······

마. 유엔의 중재절차규정에 따라 홍콩중재재판소에서 중재재판을 진행하려고 할 때

Any dispute, controversy or claim arising out of or relating to this contract, or the breach termination or invalidity thereof, shall be settled by arbitration in accordance with the UNCITRAL Arbitration Rules as at present in force and as may be amended by the rest of this clause.

The appointing authority shall be Hong Kong International Arbitration Centre.

The place of arbitration shall be in Hong Kong at Hong Kong International Arbitration Centre (HKIAC).

There number of arbitrator(s) shall be [one/three].*

Any such arbitration shall be administered by HKIAC in accordance with HKIAC Procedures for Arbitration in force at the date of this contract including such additions to the UNCITRAL Arbitration Rules as are therein contained. #

The language(s) to be used in the arbitral proceedings shall be ......

* 〔 〕 안에 있는 두 단어 중 하나를 줄을 그어서 삭제한다.

5. 대한상사중재원(The Korean Commercial Arbitration Board)

대한상사중재원의 중재절차규정에 따라 이곳에서 주관하는 중재심판을 선택하기 위한 문구는 다음과 같다.

계약서 작성 시 사용할 문구

Any dispute, controversy or claim arising under, out of, or relating to this contract (including non- contractual claims) and any subsequent amendments of this contract, including, without limitation, its formation, validity, binding effect, interpretation, performance, breach or termination, shall be referred to and finally resolved by arbitration under the Korean Commercial Arbitration Board International Arbitration Rules, which Rules are deemed to be incorporated by reference into this clause.

The number of arbitrators shall be 〔one/three〕

154

The seat, or legal place, of arbitration shall be 〔City/ Country〕

The language to be used in the arbitral proceedings shall be 〔language〕

〔 〕안은 둘 중 하나를 지우거나, 적절한 단어나 숫자를 기록한다.

이미 발생한 분쟁을 중재로 해결하려고 할 때 사용할 문구

We, the undersigned parties, hereby agree that the following dispute shall be referred to and finally determined by arbitration in accordance with the Korean Commercial Arbitration Board International Arbitration Rules.

국제중재가 무엇인지를 잘 안다고 해서 국제중재에서 승리하는 것은 아니다. 국제중재재판을 진행하는 기술이 국제중재에 대한 지식 위에 또 필요한 것이다. 비교하자면 자동차의 구조를 잘 이해한다고 해서 그 자동차를 몰고 그랑프리 대회에 나가서 우승할 수 있는 것은 아니다. 그랑프리 대회에 우승하는 사람은 그 자동차의 성능을 잘 이해하고 있겠지만 그 역은 성립하지 않는다. 경마에서 우승하고 싶은 마주는 유능한 기수를 고용한다. 경마장에서 돈을 따고 싶은 사람은 말과 경마의 룰에 대해서 숙지를 하고 있어야 하지만, 그 지식을 갖추고 있다고 해서 유능한 기수가 될 수 있는 것은 아니라는 것 정도는 알고 있을 것이다.

영어의 속담에 "A lawyer acting for himself is providing a bad service to his client"라는 말이 있다. 변호사라 하더라도 만약 자기가 소송의 당사자가 되면 다른 변호사를 선임해서 대리를 시키는 것이 옳지 자기가 직접 수행을 하겠다고 나서는 것은 변호사로서 자기 의뢰인(즉, 자기 자신)에게 좋지 못한 서비스를 제공하는 행동이라는 것이다. 변호사도 그럴진대 일반인들이 직접 자신이 관계된 법률업무를 직접 진행하겠다고 하는 것은 변호사를 고용하고 있는 거래상대방에게 한 수 접히고 들어가는 것이다.

일단 사고가 발생하면 기업분쟁은 전투다. 수십억, 수백억의 향배가 걸려 있는 전투다. 당연히 유능한 전략가와 전투인원을 동원해야 한다. 군인 출신 왕이 아닌 경우에는 왕이 직접 전투를 지휘하면 대부분 패배한다. 계획부터 집행까지 전쟁전문가인 장군에게 맡긴다. 그러나 장군이 뭘 하는지, 왜 그렇게 하는지는 궁금하다.

소송에서 의뢰인은 자기 왕국의 운명을 장군의 손에 맡겨 둔 왕과 같다. 좋은 장군을 찾아서 그에게 최대한의 지원을 해주고 승리하기를 기다려야 한다. 직접 갑옷을 걸쳐 입고 전장에 나가고 싶을 수도 있겠지만 전장의 최후방에 머물면서 장병의 사기를 올려주는 정도의 역할만으로 만족해야지 자기가 직접 진두지휘를 하겠다고 앞서 나섰다가 자칫 포로가 되기라도 하면 전쟁의 다른 부분에서 다 이겨도 소용이 없는 부담스러운 존재가 된다. 왕으로부터 임명을 받은 장군이 전쟁과 다가오는 전투에 대해서 브리핑을 하듯 변호사는 자기 의뢰인에게 브리핑을 하고 의뢰인의 승인을 받아 전쟁을 기획하고 전투를 수행한다.

이 책은 국제계약이라는 전쟁과 국제중재라는 전투에 자신의 재산이 걸려 있는 의뢰인들이 자신이 선임한 변호사의 설명을 이해하고 좀 더 효율적으로 그가 움직일 수 있도록 지원하는 데 필요한 지식을 제공하는 것을 목적으로 쓰였다. 그 목적이 달성되었는지, 읽은 분들의 평가가 기다려진다.

지은이 소개

　　지은이 **권태욱**은 경기고등학교와 서울대학교 사회학과, 그리고 오클랜드 대학교 법학부를 졸업했다. 1997년 뉴질랜드변호사 자격을 취득해서 2003년까지 현지의 Phillips Fox Lawyers, Chamberlains 등의 로펌에서 사무변호사로, 2003년 10월부터 소송전문 독립변호사(Barrister Sole)로 일했다. 소송전문 독립변호사로서는 뉴질랜드 지방법원, 고등법원, 고용법원 등에서 현지인 출신 변호사들을 상대로 단독으로 직접 소송을 수행했다. 2006년에 귀국하여 현재 법무법인 이산(서울 서초동 소재)에서 국제중재 소송의 수행을 주축으로 외국 기업과 거래하는 한국 기업들에게 자문과 지원을 제공하고 있다.

전화: 010-5660-5632 ‖ 이메일: twklaw@naver.com ‖ 블로그: http://twklaw.blog.me/

2시간에 끝내기

비즈니스맨이 알아야 할
국제계약과 국제중재

ⓒ 권태욱, 2010

지 은 이 • 권태욱
펴 낸 이 • 김종수
펴 낸 곳 • 도서출판 한울

편 집 책 임 • 김경아
편   집 • 이소현

초판 1쇄 인쇄 • 2010년 11월 23일
초판 1쇄 발행 • 2010년 12월 13일

주소(본사) • 413-756 경기도 파주시 교하읍 문발리 535-7 302
    (서울사무소) • 121-801 서울시 마포구 공덕동 105-90 서울빌딩 3층
전   화 • 영업부 02-326-0095, 편집부 02-336-6183
팩   스 • 02-333-7543
홈페이지 • www.hanulbooks.co.kr
등   록 • 1980년 3월 13일, 제406-2003-051호

Printed in Korea.
ISBN 978-89-460-4358-9 13360

* 책값은 겉표지에 표시되어 있습니다.